개념과 범주적 사고

INTRODUCTION TO PSYCHOLOGY

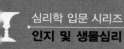

심리학 입문 시리즈
인지 및 생물심리

개념과 범주적 사고

| 신현정 저 |

학지사

인지심리학 시리즈를 내며 〈〈〈

　정보화 사회, 지식 사회, 지구촌 시대라는 표현만큼 21세기를 특징짓는 말도 없을 것이다. 이런 변화는 우리 삶을 편리하게 해 주지만, 이미 있던 문제의 심각성을 증폭시키기도 하고 새로운 문제를 발생시키기도 한다. 인터넷을 통해 언제, 어디서나 원하는 정보를 탐색할 수 있고, 필요한 물건을 구입하고, 여러 업무를 처리하게 된 생활 방식의 변화는 정보의 홍수 속에서 생각하지 않는 사람을 만들어 내는 부작용을 드러낸다.

　지구촌 시대가 되면서 이제는 문화 간의 충돌이 국가 간의 문제가 아니라 일상인들의 생활 속에서 문제가 되었다. 사람들 간의 문제, 조직의 문제도 이전보다 더욱 중요하게 되었다. 정보화 기기를 비롯한 다양한 기계가 매일매일 삶에 유입되면서 사람들 간의 문제뿐만 아니라 사람과 기계 간의 문제도 중요한 적응의 문제로 등장하였다.

　이러한 급속한 변화 속에 적응해서 살아가야 하는 우리에게 인간의 행동과 마음의 작동 원리를 밝히는 심리학에 대한 이해는 그 어느 때보다 절실해지고 있다. 하지만 일반인들이 부담을 느끼지 않고 쉽게 이해할 수 있는 심리학 서적은 아직 많지 않다. 대학교 교재로 사용하는 심리학 개론서는 그 양이 방대하고 용어와 서술 방식이 학문적이어서 일반인들이 읽기에 부담스럽다. 반면, 일반인을 위한 대중서는 깊이가 없는 경우가 많다.

이에 일반인들이 부담 없이 쉽게 읽고 이해할 수 있으면서 심리학에 대해서도 체계적으로 이해할 수 있는, 즉 두 마리 토끼를 잡을 수 있는 심리학 시리즈를 기획하게 되었다. 부담을 적게 하기 위해 심리학의 기본 주제별로 소책자 형식으로 만들기로 했으며, 체계적인 이해를 얻게 하기 위해 시리즈 형식으로 구성하기로 하였다. 각 권은 해당 주제의 기본 이론과 기본 과정을 쉽고 재미있게 집필하기로 하였고, 전체 구성이 일관되고 짜임새가 있도록 인지심리, 사회심리, 발달심리별로 책임 기획자를 선정하여 집필진을 구성하고 발간 작업을 진행하기로 하였다.

인지심리학은 우리가 어떻게 환경과 자신에 대해 아는지, 그리고 일상생활에서 직면하는 과제들을 수행하는 동안 이런 지식을 어떻게 활용하는지의 문제를 다루는 심리학의 한 분야다. 예를 들어, 인지심리학은 다음 사분기 경제 전망이 어둡다는 인터넷 기사를 보고 얼마 전부터 눈여겨 보았던 새 옷 구입 계획을 취소하는 결정을 내리는 것처럼, 외부에서 일어나는 사건 자극이 감각기관에 입력되는 과정에서부터 행동으로 출력되기까지 과정의 처리 방식과 특징을

알아보려고 한다. 이를 알아보기 위해 심리학 시리즈에서는 인지심
리학 관련 주제로 아홉 권의 소책자를 기획하였다. 먼저, '뇌와 마
음'에서는 사람의 인지 과정을 뇌의 활동 수준에서 설명하려는 연
구들에 대해 알아본다. 나머지 여덟 권('주의' '지각' '학습' '기억'
'개념과 범주' '언어' '문제해결' '사고')에서는 인지 과정의 대표적
인 세부 과정별로 각 처리 과정의 특징과 실생활에서의 응용 방안
등에 대해 알아본다. 인지심리학 시리즈가 사람의 인지과정에 대한
이해를 향상시키고, 이를 일상생활에 적용하려고 시도하는 데 기여
하기를 바란다.

2011년
도경수

머리말 <<<

늘 하는 일이건만, 글쓰기는 언제나 고통스럽다. 남이 쓴 글을 읽다 보면, "무슨 표현이 이래!" 하면서 짜증을 내기도 하건만, 막상 내가 글을 쓰려면 가슴이 답답하고 진도가 나가지 않는다. 학기가 시작되어 바쁘다는 핑계로 출판사와 약속한 기한을 어기면서까지 미루어 놓았던 작업을 다시 시작하려니 담배 생각만 간절하다. 그동안 개념과 범주에 대해 나름대로 적지 않은 논문을 쓰고 심리학과 대학원생 수준의 책도 집필한 적이 있었지만, 이 책의 대상이 일반 독자라는 생각에 얽매이다 보니 텅 빈 컴퓨터 화면만 응시하곤 하였다. 아마도 내가 가지고 있는 알량한 지식이라는 것이 지나치게 현학적이고 그나마도 부족한 탓이리라 자책해 본다.

개념과 범주는 우리 앎의 바탕이다. 개념을 가지고 있음으로 해서 새로운 대상에 적절하게 대처할 수 있는 것이며, 주어진 정보를 넘어설 수 있는 것이다. 개념은 우리의 정신세계를 하나로 묶어 주는 접착제 역할을 한다. 언제, 어디서, 무엇을, 어떻게 하든지 세상을 이해하기 위해서는 개념에 의존할 수밖에 없다. 이러한 정신적 접착제는 컴퓨터나 책상과 같이 친숙하고 구체적인 대상뿐만 아니라 대인지각, 정서, 언어 표현, 사건과 행위, 추상적 존재, 심지어는 예술 기법에까지 영향을 미친다. 예컨대, 어떤 사람을 외향적인 인물로 범주화하는가 아니면 조증 환자로 범주화하는가에 따라 그 사람을 대하는 우리의 행동은 달라진다. 그 사람에 대한 보다 구체적인 정보가 있음에도 불구하고 그러한 범주화가 우리의 행동을 주도하는 것이다.

그렇다면 개념이란 무엇인가? 이 책에는 '아무도 없는 숲에서 나무 한 그루가 쓰러진다면 그 쓰러지는 소리가 존재하는가 아니면 존재하지 않는가?'와 같이 '개념은 인간을 비롯한 생명체와 무관하게 존재하는가 아니면 그 개념을 마음에 표상하고 있을 때에만 존재하는가?'와 같은 철학적 논쟁을 다루려는 것은 아니다. 사물, 사건, 행위 등에 대한 우리의 심적 표상이라는 측면에서, 개념의 획득과 구조, 그리고 개념을 수반한 중요한 인지 과정에 관한 인지심리학 연구들을 소개하고 그 함의를 다룬다. 즉, 경험적 데이터들이 입증하고 있는 여러 현상을 살펴보고, 그 현상들을 설명하려는 심리학적 시도를 살펴보려는 것이다.

수천 년에 걸친 세월 동안 개념은 필요·충분 속성의 집합으로 정의할 수 있는 것으로 생각해 왔다. 그러나 20세기 후반부터 시작된 자연개념에 관한 심리학 연구는 우리 마음에 표상되어 있는 개념과 범주가 생각처럼 단순한 것이 아니며, 개념과 범주를 수반하는 인지 과정에는 수많은 요인들이 작용하고 있다는 사실을 끊임없이 보여주었다. 이 책은 가능한 한 전문적인 표현이나 용어를 사용하지 않으면서 일반 독자들에게 그러한 심리학 연구를 소개하려는 것이다.

제한된 지면에 담으려니 어쩔 수 없이 저자가 일방적으로 내용을 선택할 수밖에 없었다. 또한 책의 분량을 감안하여 모두 다섯 개의 장(chapter)으로 내용을 구성하였다. 제1장에서는 개념과 범주의 기본적인 기능, 구조와 표상에 대한 여러 가지 심리학적 접근, 그리고 개념과 단어 간의 관계를 소개하였다. 제2장에서는 개념과 관련하여 실험실에서 밝혀낸 몇몇 주요 현상들을 소개하였고, 제3장에서는 범주적 사고로써 범주 기반 귀납추리를, 그리고 제4장에서는 두 개 이상의 개념이 결합하여 새로운 개념을 형성하는 개념 결합을 다루었다. 마지막으로 제5장에서는 개념에 관한 심리학적 연구가 갖는 함의를 제시하는 것으로 마무리하였다. 이 책을 읽는 데 순서가 있는 것은 아니지만, 책 내용에 친숙하지 않은 독자라면 우선 제1장을 충분히 숙독한 후에 나머지 장들을 취향에 맞추어 읽어 나가기를 권한다. 제1장을 잘 이해하였다면, 나머지 장들의 내용은 상대적으로 편안한 마음으로 읽어 나갈 수 있을 것이다.

글을 쓰는 과정에서 책의 내용을 이해하는 데 필요할 수는 있지만 본문에 넣게 되면 오히려 가독성을 떨어뜨릴 수 있겠다 싶은 내용은 각주로 처리하였다. 혹여 세부적인 내용에 관심이 있는 독자라면, 참고문헌과 각주의 내용을 활용하면 좋을 것이다. 물론 이것은 저자의 희망 사항이고, 오히려 많은 각주가 독서의 흥미를 절감시키지

않을까 염려되기도 한다. 아무튼 이 책이 지식 표상과 관련하여, 일
반 독자들에게 흥미진진한 현상들이 우리의 의식 뒤편에서 활발하
게 일어나고 있다는 사실을 전달하였으면 좋겠다. 책을 펴내느라
고생하신 학지사 여러분께 감사드린다.

2011년

신현정

차 례 〈〈〈

01

개념과 범주: 지식의 기본 토대 • 17

04
개념 결합 • 157

05
종합: 개념 연구의 의의와 조망 • 183

INTRODUCTION
TO
PSYCHOLOGY

01 _

개념과 범주: 지식의 기본 토대

개념과 범주가 없다면, 우리의 정신세계는 혼돈의 세계가 될 것이다. 만일 모든 개체를 독특한 것으로 지각해야 한다면, 엄청나게 다양한 경험에 압도당할 것이고, 우리가 접하는 것들의 극히 일부분도 기억할 수 없을 것이다. 그리고 만일 각 개체가 독자적인 이름을 가지고 있다면, 우리가 사용하는 언어는 셀 수 없을 정도로 많아지고 복잡해지며 의사소통은 거의 불가능해질 것이다. 다행히도 우리는 개개의 사물과 사건을 독특한 것으로 지각하고 기억하며 언급하지 않는다. 오히려 이미 알고 있는 범주나 개념의 한 사례로 처리하는 것이다. 개념은 또한 주어진 정보를 넘어설 수 있게 해 준다. 일단 개체를 지각적 속성에 근거하여 한 유목에 할당하게 되면, 지각할 수 없는 속성들에 대해서 추론할 수 있다. 요컨대, 개념은 세상에 존재하는 사물과 사건들을 지각하고, 기억하며, 언급하고, 생각하는 데 결정적이다(Smith & Medin, 1981, p. 1).

우리 모두는 엄청난 정보와 지식을 가지고 있다. 스스로 무식하다고 자처하는 사람조차도 이 세상 모든 컴퓨터의 하드디스크에 저장된 정보보다 더 많은 지식을 가지고 있다. 단지 그 사실을 자각하지 못하고 있을 뿐이다. 학교에서 배우고 의식적으로 떠올릴 수 있는 것만이 지식은 아니다. 세상에 적응하면서 살아가는 데 동원하는 모든 것이 우리의 지식이다. 이 글을 쓰기 시작하면서 내 연구실을 둘러보니 다양한 사물이 눈에 들어온다. 온갖 물건이 어지럽게 널려 있는 책상, 전화기, 의자, 컴퓨터, 프린터, USB, 수많은 책과 잡지들, 사진, 난과 선인장 화분들, 커피가 말라붙은 머그잔, 약속이 빽빽하게 적힌 달력 등 이루다 헤아리기조차 어려운 많은 사물이 있다. 나는 이것들이 모두 무엇인지, 어떤 용도를 가지고 있는지, 언제 어떻게 상호작용했으며 앞으로 무엇을 할 것인지 알고 있다. 배가 고프다고 선인장을 잘라 먹으면 안 되며, 커피가 마시고 싶다고 프린터에 물을 부어서도 안 된다는 사실도 알고 있다. 집사람과 전화 통화를 하면서 창밖을 내다보니 길고양이 한 마리가 어슬렁거리면서 먹이를 찾아 헤매고 있다. 고양이를 끔찍하게 좋아하는 집사람에게 "고양이가 힘이 하나도 없어 보이네요." 라고 말하자 아내는 단박에 어떤 상황인지 알아차린다. 고양이 일반, 즉 이 세상에 존재했거나 존재하거나 존재할 고양이들에 대해서 많은 것을 알고 있기 때문이다. 그 고양이는 결코 두 발로 걷고 있지 않으며, 뒷걸음치지도 않고, 연신 전후좌우를 살피며, 누가 부른다고 꼬리치며 달려가지도 않을 것임을 알고 있다. 이렇게 엄청난 지식을 구성하는 단위가 바로 개념과 범주다. 우리가 수많은 개념과 범주를 보유하고 있음으로 인해서 특정 대상을 그저 '고양이'라고만 지칭하면 나머지 정보들은 거의 자동적으로 '고양이' 개념으로부터 활성화되는 것이다.

개념은 세상에 존재하는 수많은 사물과 사건을 지각하고 기억하며 이야기하고 사고하는 데 있어서 결정적인 요소다. 즉, 우리의 경험을 개념으로 부호화하는 것은 모든 인지과정의 기초가 된다. 우리의 인지능력에는 상당한 제약이 있기 때문에, 이 장 맨 앞의 인용문(Smith & Medin, 1981)에서 보는 바와 같이 만일 모든 개체를 독특한 개별자로만 처리해야 한다면 우리는 환경의 엄청난 다양성에 압도되어 경험 내용의 대부분을 처리할 수 없게 된다. 개념은 제한된 능력을 가지고 있는 유기체가 개별적으로 다루어야 하는 사물과 사건들의 다양성을 축소할 수 있게 해 준다(Bruner, Goodnow, & Austin, 1956).

그렇다면 개념(concept) 또는 범주(category)란 무엇인가? 만일 누군가 당신에게 "오늘 아침 등산길에서 새가 지저귀는 소리를 들었어."라고 말할 때, 새에 관해서 무엇이 떠오르는가? 날개가 있고, 날아다니며, 짹짹거리고, 알을 낳으며…… 등이 떠오르는가, 아니면 참새, 휘파람새, 뻐꾸기 등이 떠오르는가? 만일 전자라면 새의 일반적인 특징들을 떠올린 것이 되며, 후자라면 새의 사례들을 활성화한 것이라고 할 수 있다. 이는 완벽하게 대응되는 것은 아니겠으나 전자는 새의 개념을, 그리고 후자는 새의 범주를 반영한다고 할 수 있다. 개념과 범주는 상호 밀접하게 관련되어 있기 때문에, 두 용어는 흔히 상호 교환적으로 사용되기도 한다. 굳이 개념과 범주를 구분한다면 개념은 사물이나 사건에 대한 심적 표상(mental representation)으로서 우리가 세상을 이해하고 있는 방식이다. 개념을 심적 표상이라고 할 때, 그 표상에는 사물이나 사건에 특징적으로 연합된 모든 정보가 포함되어 있다고 할 수 있다. 반면에 범주는 개념에 근거하여 사람들이 동일 유목에 함께 속한다고 생각하는, 다시 말해서 동일 유목으로 사람들이 기억에 저장하고 있는 본보기들의 집합(예 사물, 행위, 상태, 양, 질 등)이라고 할 수 있다. 예를 들어, '컴퓨터'라는 개념은 특정한 대상이 컴퓨터의 한 사례라는 사실을 이해할 수 있도록 만들어 주는 심적 표상이라고 정의할 수 있다. 일단 한 대상을 컴퓨터라고 이해하게 되면, 기존의 지식을 활성화시켜 여러 가지 가능한 추론을 할 수 있다. 예컨대, 누군가에 의해서 만들어졌으며, 보이지는 않지만 컴퓨터가 갖추어야 하는 여러 구조와 기능을 가지고 있을 것이다. 반면에 '컴퓨터'라는 범주는 그 개념을 사용하여 컴퓨터로 범주화할 수 있는 이 세상 모든 대상의 집합을 지칭한다. 따라서 개념은 세상을 의미 있는 부분집합으로 분할할 수 있는 기능을 제공해 주며, 범주는 개념에 의해서 분할된 집합들이라고 할 수 있다.

개념과 범주 간의 구분은 다소 어려운 표현으로 내포(intension)와 외연(extension)에 대응시킬 수 있다. 개념과 범주 간의 관계에서 개념은 내포적 측면, 즉 범주화[1]에 사용하는 정보와 범주화가 제공하는 추론에 관여하며, 범주는 대상을 참조하는 용어의 적용이라는 외연적 측면에 관여한다. 범주 구성원들은 바로 그 범주의 외연으로서 개별 사례 또는 본보기가 된다. 그러나 범주의 본보기는 그 자체가 특정 대상을 지칭할 수도 있으며, 또 다른 하위개념이나 범주가 될 수도 있다. 예컨대, '진돗개'와 '우리 집 강아지'가 모두 '개' 범주의 본보기들이지만, 전자는 '개'의 하위개념으로서의 본보기인 반면, 후자는 특정 개로서의 본보기인 것이다.

어떤 기준에 의해 동일 유목으로 묶일 수 있다고 해서 모두 범주가 되는 것은 아니다. 예컨대, '둥글지 않은 모든 사물의 집합'이나 '3학년 1반 학생들의 집합'을 유목(class)이라고 할 수는 있겠지만, 범주라고는 하지 않는다. 이는 사례들 간의 관계가 지극히 임의적이며, 집단으로서의 응집성을 갖지 못하기 때문이다. 유목이 범주 또는 개념으로서의 응집성을 가지기 위해서는 다음과 같은 몇 가지 특징적 기능을 수행할 수 있어야 한다. 개념의 첫 번째 기능은 앞에서 언급한 인지 경제성의 기능이다(Rosch, 1978). 개념은 세상을 유목으로 분할시킴으로써 우리가 지각하고 학습하며 기억

----

1) 범주화(categorization)란 특정 대상을 특정 범주의 사례로 받아들이는 것이다. 예컨대, 창밖으로 스쳐지나가는 대상이 고양이인지를 아는 것은 그 특정 대상을 고양이의 한 사례로 범주화하는 것이다. 심리학 분야에서 전통적으로 사용해 온 용어인 패턴재인(pattern recognition)은 바로 범주화를 나타내는 것이며, 인공지능 분야에서는 '패턴인식'이라는 용어를 사용한다. 특정 대상을 특정 대상으로 아는 것, 예컨대 우리 집 고양이를 그저 고양이의 한 사례로서가 아니라 '담요'라는 이름을 가지고 있는 특정 고양이로 알아보는 과정은 범주화와 구분하여 '확인(identification)'이라고 부른다.

하고 의사소통하며 추론하는 등의 인지과정에서의 부담을 덜어
주는 기능을 수행한다. 개념의 두 번째 기능은 과거 경험을 현재의
관심사와 접목시키는 기능을 담당한다. 엄밀한 의미에서 동일한
사건은 결코 두 번 다시 일어나지 않지만, 사건들을 범주화함으로
써 우리는 사건들 간의 동일한 관계를 파악할 수 있다. 개념의 세
번째 기능은 귀납추론을 가능케 한다는 것이다. 즉, 직접 경험하는
것 이상의 정보를 제공하기 때문에 지각할 수 없는 속성에 대해서
도 판단할 수 있다.

　　고대 그리스 철학자들부터 오늘날의 인공지능 연구자, 신경과학
자, 심리학자에 이르기까지, 지식과 마음에 대한 논의는 결국 개념
의 문제를 중심으로 이루어져 왔다. 그렇지만 개념이 무엇인지를
설명하려는 목표는 학문에 따라 다를 수도 있다. 예를 들어, 철학
자에게는 실체의 근본적 본질을 이해하고, 어떻게 실체에 대한 지
식이 가능한지를 기술하려는 형이상학적 목적을 갖는다. 인공지
능 연구자는 컴퓨터로 하여금 인간의 지능을 요구하는 과제를 수
행할 수 있도록 하기 위해서, 신경과학자는 우리의 지식을 두뇌의
작동과 연관시키고자 개념의 구조에 대한 설명을 시도한다. 심리
학자는 인간의 사고과정에서 관찰된 현상들을 설명하기 위해서
개념에 대한 이론들을 제기한다. 철학과 인공지능, 그리고 신경과
학의 입장은 이 책의 범위를 넘어서는 것이며, 여기서는 주로 심리
학 연구의 내용을 다룬다. 이제부터 그 내용을 하나씩 살펴보기로
하자.

1. 사고의 기본 단위로서의 개념과 범주

개념은 우리 지식 표상의 기본 단위다. 수많은 경험 자극에 직면하고 있는 복잡한 상황에서 일차적인 과제는 경험들을 의미 있고 심리적으로 대처할 수 있는 단위로 분할하는 것이다. 이것이 바로 범주화의 문제이며, 이 범주화는 개념이 가지고 있는 일차적인 기능이다. 범주화는 입력 자극을 기억에 저장된 개념과 연계시키는 초기 지각 단계에서부터 시작된다. 또한 새로운 개념의 획득은 모든 학습 과정의 토대이며, 획득한 개념은 추리 · 판단 · 문제 해결 · 의사 결정 · 창의성 등 모든 고급 수준의 사고 과정에서 중추적인 역할을 담당한다. 언어의 경우에도 대부분의 단어는 개념을 나타내는 표지로 작용한다. 실제로 인간의 의사소통은 범주 정보의 교환으로 이루어진다고 해도 과언이 아니다.

기억의 경우도 마찬가지다. 상식 수준에서는 기억을 일기나 사진 앨범과 유사하게 과거 경험에 대한 기록으로 간주하기 십상이다. 그러나 만일 기억이 그러한 특성만을 가지고 있다면, 기억은 단지 지나간 시절을 회상하는 근거만 제공해 줄 뿐이며, 현재 직면하고 있는 문제에 대처하거나 미래를 예측하는 데 전혀 도움이 되지 못한다. 과거와 동일한 사건은 결코 다시 일어나지 않기 때문이다. 기억이 우리의 적응적 행동에 도움을 주는 것은 과거 경험에서 얻은 정보를 현재 상황에 적용할 수 있도록 체제화하고 있기 때문인데, 이 기억 체제화의 요체가 바로 개념이며 범주화다. 우리는 개개의 사건들을 경험하지만, 그 사건을 특정 범주의 한 사례로 재인하며 기억하는 것이다. 요컨대, 개념과 범주는 우리가 수행하는 모든 지적 행위의 기초가 된다.

개념과 범주는 현존하는 생각이나 상품을 넘어서는 상상력을 동원하는 기능도 담당한다. 예컨대, 새로운 상품을 개발하거나 설계할 때, 기존의 디자인을 수정할 때, 만화 영화의 주인공을 만들어낼 때, 아니면 기존 범주에는 존재하지 않지만 가능성 있는 구성원을 상상할 때 범주 지식을 사용한다. 와드(Ward, 1994)는 창의성을 '마음속에서 새로운 개체를 의도적으로 생성해 내는 것'으로 정의하고, 창의적 사고가 일상적인 인지 행위에 수반된 원리와 처리 과정에 의해서 구조화된다고 본다. 다시 말해서 창의성은 일상적 범주화 현상에 수반된 구조와 처리 과정이 주도하며, 유사한 배경을 가진 사람들은 유사한 범주지식을 가지고 있기 때문에, 만일 그러한 지식을 창의적 과제를 수행할 때 예측할 수 있는 방식으로 접근한다면, 개인 간에 어떤 공통성이 드러날 것이라고 예상할 수 있다.

개념과 범주화는 일상생활에서 핵심적인 역할을 할 뿐만 아니라 많은 과학 영역에서도 중요한 연구 주제 중의 하나다. 예컨대, 생물학에서 사용하는 동·식물의 분류 체계가 대표적인 경우다. 고고학이나 인류학에서도 유물이나 문화적 가치가 있는 물품들을 범주로 분류하는 것이 일차적인 과제가 된다. 임상치료 장면에서도 범주화는 중요하다. 환자를 치료하기 전에 무엇이 문제인지를 진단하여 특정 질병으로 범주화하는 것이 선행되어야 한다.

그렇지만 고립된 개념만을 가지고는 개념의 본질을 충분하게 나타낼 수 없다. 개념들이 어떻게 관련되어 개념 체계를 이루고 있는지도 알아야 한다. 개념 체계는 개념들 간의 다양한 관계와 규칙에 의해서 상호 간에 연계되어 있다. 보다 일반적으로 표현한다면, 개념 체계는 망(network)으로 모형화할 수 있는데, 타원은 개념, 링크는 개념 간의 관계에 해당한다([그림 1-1] 참조). 링크는 다섯 가지 유형의 관계를 표상한다. 첫째, 포함 관계를 표상하는 링크가 존재한다. 이 링크는 하나의 개념이 다른 개념에 포함되는 관계를

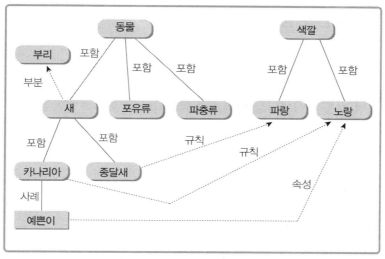

[그림 1-1] 개념 관계와 규칙의 예   개념은 타원으로, 구체 대상은 네모로 표시되었다. 각 링크는 관계를 나타낸다. 포함 관계와 사례 관계는 실선으로 나타냈으며, 부분 관계와 규칙 관계, 그리고 속성 관계는 화살표를 갖는 점선으로 표시하였다(신현정, 2002에서 인용).

나타낸다. 예컨대, '카나리아'는 '새'에 포함되며, '새'는 '동물'에 포함된다. 둘째, 사례 관계 링크다. 이 링크는 특정한 대상이 한 개념의 사례임을 나타낸다. 셋째, 규칙 관계 링크다. 이 링크는 개념 간의 일반적 관계(그렇지만 모두에게 적용되는 보편적 관계는 아니다)를 나타낸다. 예컨대, '카나리아'는 '노랑' 색을 갖는다. 넷째, 속성 관계 링크다. 이 링크는 대상이 특정한 속성을 가지고 있는 관계, 예컨대 '예쁜이'는 노랗다는 관계를 나타낸다. 다섯째, 부분 관계 링크다. 이 링크는 전체-부분 관계, 예컨대 '부리'는 '새'의 부분임을 나타낸다.

2. 개념과 범주의 기본 기능

심리학자들이 개념의 본질에 관심을 갖는 이유는 다양한 유형의 개념 행동을 설명하고 예측하기 위해서이며, 이러한 시도는 개념의 기능에 근거할 수밖에 없다. 개념이 가지고 있는 대표적인 심리적 기능은 다음과 같다.

첫째, 범주화의 기능이다. 범주화란 특정한 사례가 특정한 개념의 구성원인지의 여부를 결정하는 것(예 창밖에 보이는 대상이 소나무인지의 여부), 그리고 특정한 개념이 다른 개념의 부분집합인지를 결정하는 것(예 소나무가 침엽수 또는 식물인지의 여부)이다. 개념이 범주화 기능을 가지고 있다는 것은 개념이 본질적으로 패턴 재인 도구라는 사실을 의미하며, 나아가서 새로운 대상을 유목화하고 그러한 대상에 대해 추론하는 데 사용된다는 사실을 의미한다.

　둘째, 학습의 기능이다. 창밖에 보이는 대상을 소나무로 확인할 수 있다는 것은 이미 '소나무' 개념을 학습하였다는 것을 의미한다. 그렇다면 어떻게 그 개념을 학습하였는가? 세 가지 가능성을 생각해 볼 수 있다. 먼저 사례들의 경험을 통하여 학습하는 것이다. 그리고 개념에 대한 누군가의 설명을 통해서 학습하는 것이다. 마지막 하나는 기존에 존재하는 개념들을 결합하여 새로운 복합 개념을 형성하는 것이다. 어느 방법을 통한 학습이든 단순히 새로운 신념이 추가되는 것으로는 설명하기 어렵다. 특히 개념 결합에 의한 학습은 단순히 기존 개념들의 합이 아니다. 예컨대, '아름드리 소나무' 라는 개념을 형성하기 위해서는 '아름드리'에 대해서 우리가 알고 있는 것과 '소나무'에 대해서 알고 있는 것을 어떻게 조화시킬 것인지를 결정하여야만 한다.

　셋째, 기억의 기능이다. 개념은 보편적인 사실이든 아니면 특정한 일화이든 그 개념과 관련된 사실들을 기억하는 데 도움을 준다. 예컨대, '소나무' 개념은 소나무 일반에 관한 사실(예 소나무 숲은 삼림욕에 매우 좋다)을 기억하거나 창밖에 있는 특정 소나무와 관련된 일화(예 날리던 연이 그 소나무에 걸렸던 일)를 기억하고 회상하는 데 결정적인 역할을 담당한다.

　넷째, 귀납추론의 기능이다. 예컨대, 창밖에 있는 대상이 '소나무' 의 한 사례라면, 그 대상은 침엽수이며, 솔방울이 달리고, 가지가 많이 휘어져 있을 것이라고 추론할 수 있다. 그리고 만일 소나무가 재선충으로 인해서 말라 죽는다면, 소나무와 유사성이 큰 다른 침엽수도 그럴 가능성이 높을 것이라고 추론할 수 있다.

다섯째, 설명의 기능이다. 개념은 주위에서 일어나는 사건들을 설명할 수 있게 해 준다. 예컨대, 가든파티에 초청받아 온 손님이 갑자기 수영장에 뛰어들었다면, 그 사람이 술에 취해서 그랬을 것이라고 설명하기 십상이다. 수영장에 뛰어드는 것이 술 취한 사람의 전형적인 행동은 아니지만, 취했기 때문에 그런 행동을 하였다고 설명하는 것은 꽤 타당성이 있는 것이다.

여섯째, 문제 해결의 기능이다. 개념 지식은 그 개념의 사례에 대한 문제를 해결하는 데 도움을 준다. 예컨대, '술 취함' 개념을 가지고 있는 사람은 수영장에 뛰어든 취객을 어떻게 다루어야 하는지를 알고 있다.

일곱째, 일반화의 기능이다. 개념은 그 개념에 속하는 또 다른 사례를 경험함으로써 그 개념에 대한 새로운 사실을 학습할 수 있게 해 준다. 예컨대, 새로운 소나무를 경험함으로써 소나무는 대부분 가지가 휘어져 있지만, 때로는 곧게 자라기도 한다는 결론을 내릴 수 있게 해 준다. 일반화는 매우 중요하다. 왜냐하면 우리는 극히 소수의 사례만을 경험한 후 모든 사례에 적용할 수 있는 일반화를 수행하기 때문이다. 특히 사례들의 변산성에 대한 정보를 아는 경우에 그렇다.

여덟째, 유비추론의 기능이다. 예컨대, 잣나무가 재질이 단단하고, 소나무와 같이 침엽수라는 사실을 안다면, 잣나무의 특성에 유추하여 소나무도 재질이 단단할 것이라고 추론할 수 있다. 추론, 문제 해결, 또는 설명에서 유추를 사용하기 위해서는 유추할 정보를 기억에서 인출해야 하는데, 어느 정보가 인출될 것인가는 개념의 구조가 어떤 것이냐에 달려 있다. 어느 것이 어느 것과 대응되는지를 결정하려면, 의미적 유사성을 판단할 수 있어야 하며, 이것 또한 개념 구조에 달려 있다.

아홉째, 명제 표상의 구성 기능이다. 명제 표상의 구성이란 문장에서 단어들로 표현한 개념들을 문장 속에 내포된 명제 표상과 대응시키는 것을 말한다(⑩ "남자는 여자를 사랑한다."라는 문장에서 '남자' '여자' '사랑한다' 개념을 [사랑한다(남자, 여자)] 명제와 대응시키는 것). 이 기능은 바로 언어의 이해와 산출에서 중추적 역할을 담당한다.

지금까지 제시한 아홉 가지 기능이 개념의 기능을 모두 나열한 것이라고 볼 수는 없다. 사실 개념과 범주가 모든 사고 과정의 기능을 수행한다고 해도 과언이 아니다. 그렇다면 개념과 범주는 우리 마음에 어떻게 표상되어 있는 것인가? 마음에 표상되어 있는 개념을 직접 들여다볼 수 있는 방법은 없다. 따라서 심리학자들은 개념의 구조를 모형화하여 그 모형을 통해서 우리가 일상생활에서 나타내는 많은 인지 과정과 사고 과정을 이해하고자 시도하고 있다. 이제 개념의 구조에 대한 대표적인 견해를 살펴보도록 하자.

3. 개념의 구조와 표상

우리가 가지고 있는 개념, 예컨대 '자동차' 개념에는 어떤 정보가 표상되어 있어 사람들이 자동차의 여러 사례를 재인하고, 자동차에 대해서 추론하며, '고물 자동차' 같은 복합 개념과 '자동차 사고가 나서 길이 막혔다.'와 같은 문장을 이해하는 것인가? 자동차이기 위한 필요·충분 속성들의 집합을 가지고 있는 것인가? 자동차 일반을 대표할 수 있는 일종의 요약 정보를 가지고 있는 것인가? 지금까지 경험한 자동차 중에서 기억에 남아 있는 사례들의 집합인가? 요약 정보와 사례 정보를 모두 가지고 있는 것인가? 자동차의 여러 속성 간의 관계에 관한 정보와 자동차와 사람 상호 간의 정보를 가지고 있는 것인가? 개념과 범주 연구의 역사에서 이 모든 가능성이 고려되었으며, 각각의 가능성에 초점을 맞춘 모형이 제안되었다. 이제 그 견해들을 간략하게 들여다보자.

1) 고전적 견해: 필요·충분 속성의 집합

고등학교 1학년 수학 시간이다. 평소 호랑이 선생님으로 알려진 수학 선생님과 학생들의 다음과 같은 대화를 보자.

선생님: 삼각형이 무엇인지 잘 알지요?
학생 일동: 예~!

선생님: 그렇다면 오늘이 24일이니까, 24번! 삼각형을 정의해 보
세요.

24번 학생: (기다렸다는 듯이) 예. 유클리드 2차원 공간에서 세 개
의 직선으로 구성된 폐쇄도형으로 내각의 합은 180도입
니다.

선생님: 아주 잘 했어. 가르치는 보람이 있군.

우리 모두는 삼각형이 무엇인지 알고 있으며, 알고 있다는 사실
도 알고 있다. 그렇다면 무엇에 근거하여 삼각형 여부를 판단하는
것인가? 앞의 대화에서 보면, 삼각형이기 위해서 갖추어야 하는 조
건들이 있다. 어떤 도형이 삼각형이기 위해서는 각각의 조건을 반
드시 만족하여야 한다. 어느 조건이든 하나라도 만족하지 못하면
삼각형이 될 수 없다. 이러한 조건들을 필요조건이라고 한다. 그리
고 필요조건들을 모두 갖추고 있으면, 그 대상은 필연적으로 삼각
형일 수밖에 없다. 이러한 필요조건들의 전체 집합을 충분조건이
라고 한다. 구체적이든 추상적이든 아니면 가상적이든 어떤 대상
이나 사건들에 관한 개념이 개별적으로는 필요조건이 되고 전체적
으로는 충분조건이 되는 속성들의 집합이라고 주장하는 견해를 고
전적 견해(classical view)라고 부른다. 여기서 '고전적'이라고 부르
는 이유는 고대 그리스의 플라톤과 아리스토텔레스 이래로 상당
히 최근까지도 개념 구조에 관한 입장을 주도해 왔으며, 여전히 전
통적 집합 이론의 근간이 되고 있기 때문이다. 필요 · 충분 속성에

근거한 정의(definition)는 논리적 측면에서 많은 장점을 가지고 있다. 어떤 대상이나 사건이 특정 개념의 사례인지의 여부는 필요·충분 속성을 확인함으로써 판단할 수 있는 것이다.

20세기 전반부에 수행한 개념에 관한 초기 심리학 연구들이 암암리에 이러한 고전적(정의적) 견해를 취하였다는 사실은 놀라울 것이 없다. 예컨대, 초기 행동주의 심리학의 대표적인 이론가 중 한 사람인 클라크 헐(Clark Hull, 1920)은 "특정한 반응을 요구하는 모든 개별적 경험은 그 반응을 요구하는 집단의 모든 구성원에게는 공통적으로 존재하는 동시에(즉, 필요성) 다른 반응을 요구하는 집단의 구성원에서는 발견할 수 없는(즉, 충분성) 특정한 속성을 보유하고 있어야만 한다."(p. 13)라고 기술하였다.

고전적 견해의 세 가지 기본 주장을 요약하면 다음과 같다.

첫째, 개념은 정의로 마음에 표상된다. 정의는 그 개념의 구성원이기 위해서 개별적으로 필요하며 집단적으로 충분한 속성을 제공해 준다.

둘째, 범주 구성원 여부 또는 범주의 경계가 명확하다. 어떤 대상이든지 필요·충분 속성들을 갖추고 있으면 범주의 사례가 되며, 그렇지 않으면 절대로 사례가 될 수 없다. 따라서 "이 동물은 강아지다."라는 진술은 반드시 참이거나 거짓이 된다.

셋째, 한 범주의 사례들은 그 범주 내에서 모두 등가적인 지위를 차지하고 있으며, 어느 사례가 다른 사례들보다 더 그럴듯한 사례일 수는 없다. 필요·충분 속성들을 모두 갖춘 강아지들은 모두 당

당하게 '강아지' 의 일원이 되는 것이다.[2]

고전적 견해의 문제점   아리스토텔레스 이래로 서양 철학에서 개념 표상의 문제를 주도해 왔던 고전적 견해는 20세기 후반부터 개념적으로나 경험적으로 쇠락의 길을 걷게 되었다. 20세기 언어 철학을 대표하는 철학자의 한 사람인 비트겐슈타인(Wittgenstein, 1953)은 친족 유사성(family resemblance)[3]이라는 용어를 사용하면서 우리가 사용하는 대부분의 개념은 정의할 수 없는 것임을 강력하게 내세웠다. 일상에서 사용하는 개념뿐만 아니라 모든 과학, 심지어 수학에서 상정하는 개념들도 반드시 논리적으로 명확하게 정의된 것이 아니다. 두 점 간의 최단거리는 직선인가? 유클리드

----

2) 고전적 견해에서도 모든 개념을 정의적 속성들의 단순한 집합으로 규정하는 것은 아니다. 어떤 개념의 경우에는 속성들이 규칙에 의해서 서로 관련되기도 한다. 예컨대, 야구에서 스트라이크는 투수가 던진 공이 '스트라이크존을 통과하거나 타자가 헛스윙을 하거나 투 스크라이크 이전에 타자가 파울볼을 치는 것'으로 정의한다. 이와 같이 논리적으로 규정할 수 있는 개념의 학습은 앞서 언급한 브루너 등(1956)이 잘 정리하고 있다.

3) 여러 형제가 있다고 할 때, 모든 형제가 동일한 속성을 공유하지 않더라도 그들은 서로 상당히 닮을 수 있다. 몇몇은 눈매가 비슷하고, 또 다른 몇몇은 코와 귀의 모습이 비슷하고, 또 다른 몇몇은 얼굴 윤곽과 헤어스타일이 비슷하고……. 이렇듯 모두가 공유하는 속성은 없지만 부분적으로 중복됨으로써 모두가 형제로 범주화될 수 있다. 이것이 친족 유사성이다. 한 개념의 구성원이 되기 위해서 반드시 보유해야만 하는 필요 속성도 우리가 가지고 있는 자연 개념에는 적용하기 힘들다. 예컨대, 개는 반드시 네 발이 있고, 짖어야 하는가? 유전적으로 또는 교통사고로 다리가 세 개밖에 없는 개는 어떠한가? 아파트에서 키우기 위해서 (불행하게도) 성대 제거 수술을 받은 개는 어떠한가?

공간에서는 그렇다. 그러나 지구와 같은 구(球)에서는 그렇지 않
다. 부산에서 미국 뉴욕까지의 최단거리는 필연적으로 곡선일 수
밖에 없다. 지구를 뚫고 들어가지 않는 한 말이다.

경험적 연구들은 인간의 개념이 고전적 견해와 들어맞지 않는다
는 사실을 끊임없이 보여 주었다. 역사적으로 1970년을 전후하여
로슈와 동료들(Rosch, 1973, 1975, 1978; Rosch & Mervis, 1975;
Rosch, Mervis, Gray, Johnson, & Boyes-Braem, 1976)의 자연 개념
연구, 그리고 포스너와 킬(Posner & Keele, 1968, 1970)의 인공 범주
연구에 의하여 심각한 도전에 직면하게 되었으며, 오늘날 고전적
견해를 내세우는 개념 연구자는 거의 없다.

수박은 과일인가 아니면 채소인가? 학교에서 배우기로는 채소
지만(과일은 나무에 열리는 것이고, 채소는 줄기에 달리는 것이기 때문
에), 일상생활에서는 오히려 과일로 취급하는 경우가 더 많다. 예
컨대, 수박은 채소가게보다는 과일가게에서 더 많이 판다. 수박이
채소 또는 과일로도 취급된다는 사실은 범주의 경계가 모호하고
상당히 중복될 수 있음을 보여 주는 증거일 수 있다. 이러한 사실
은 범주 간의 경계가 고전적 견해가 가정하는 것처럼 명백한 것이
라기보다는 모호한(fuzzy) 것임을 시사한다.[4]

---

4) 범주 경계가 모호하다는 사실은 세상에 존재하는 사물들의 엄청난 다양성과
   우리가 사용하는 개념의 제약을 가지고 설명할 수 있다. 우리는 개별 대상이
   나 사건 각각에 대해서 별도의 개념을 가지고 있지 않다. 그러한 개념은 유용
   하지도 않으며 엄청난 기억 저장 공간을 필요로 하기 때문이다. 오히려 사용
   하는 데 유용한 정보를 담고 있는 상대적으로 적은 수의 개념을 가지고 있다.

고전적 견해의 가장 큰 문제점은 범주 사례들의 등가성 가정에 있다. 필요 · 충분 조건만 갖추면 범주 내에서 모두 등가적인 지위를 차지한다고 가정하고 있지만, 사람들은 동일 범주의 사례들이라도 어떤 사례는 다른 것보다 그 범주를 더 잘 대표한다는(전형적이라는) 사실에 동의한다. 예컨대, 우리나라에 300명 가까운 국회의원이 있으며 이들이 모두 국회의원으로서의 자격을 갖추고 세비를 받고 있더라도, 그중에는 더 국회의원다운 인물이 있고(전형적인 국회의원) 그렇지 않은 인물들도 있다(전형적이지 못한 국회의원). 진돗개, 발바리, 셰퍼드, 치와와 등 다양한 개들이 존재하지만, 그중에는 개다운 개들도 있고(전형적인 개), 개이기는 하지만 개답지 않은 개들도 있다(전형적이지 않은 개).[5] 심지어 사람들은 '2로 나누어 나머지가 0인 정수' 라는 정의를 만족하는 짝수의 사례들조차도 더 전형적이거나 덜 전형적인 짝수로 판단하기도 한다(Armstrong, Gleitman, & Gleitman, 1983).

가장 이상적인 상황은 개념들이 고전적 견해와 같은 방식으로 대상과 사건을 분할하는 것이다. 그렇지만 세상은 우리의 기대에 부응하도록 배열되어 있지 않다. 예컨대, 침대와 소파는 다르다. 그런데 침대 겸용 소파는 침대인가 소파인가? 토마토와 감자를 교배한 포마토는 토마토인가 감자인가? 진화적으로나 인공적으로나 항상 두 범주의 중간자들이 출현할 가능성이 있으며, 이러한 중간자들이 우리를 괴롭힌다. 만일 이 중간자들을 새로운 범주로 간주하고 새로운 이름을 붙이기 시작한다면, 우리의 어휘는 기하급수적으로 증가할 수밖에 없다.

5) 특정 국회의원이나 개가 해당 범주를 얼마나 잘 대표하느냐의 문제는 개개인이 그 국회의원이나 개를 좋아하는지의 여부와는 별개의 문제다. 진돗개가 상대적으로 전형적인 개라고 하더라도, 치와와를 더 좋아할 수 있는 것이다.

범주 사례들의 전형성은 수많은 심리학 실험에서 그 효과를 입
증해 왔다. 예컨대, 다음 문장의 진위를 판단해 보라. '비둘기는
새다.' '펭귄은 새다.' '병아리는 새다.'는 모두 참이다. 그렇지만
문장이 제시될 때부터 참이라고 판단할 때까지의 시간을 측정해
보면, 제시된 사례들이 얼마나 전형적인 새인가에 따라서 반응 시
간에 차이가 나타난다. 전형적일수록 반응 시간이 짧은 것이다.[6]

이러한 문제점에도 불구하고 고전적 견해를 그토록 오랫동안 유
지해 온 한 가지 이유는 전통적 형식 논리와 결부되었기 때문이다.
예컨대, "진돌이는 개이며 애완동물이다."라는 문장에 대해서 명
제 논리는 만일 "진돌이는 개다."와 "진돌이는 애완동물이다."가
모두 참이면 "진돌이는 개이며 애완동물이다."도 참이 된다고 주

----

6) 이러한 실험 과제를 문장 진위 판단 과제라 부른다. 전형성 효과를 보여
주는 또 다른 실험 결과들도 끝이 없을 정도로 많다. 예컨대, 실험 참가자
에게 특정 개념의 사례를 일정한 시간 동안 생성토록 하면, 대부분의 경우
에 전형적인 사례를 먼저 생성할 뿐만 아니라 대부분의 참가자가 일관성
있게 생성하는 반면, 전형적이지 않은 사례들은 나중에 생성하거나 아예
생성하지 못하는 경우가 많다. 앞에서 자주 인용하였던 '새'의 사례들을
독자들이 스스로 생성해 보라. '103은 거의 100이다.'와 '100은 거의 103
이다.'의 두 문장 중에 어느 것이 더 자연스러워 보이는가? 아마도 전자일
것이다. 비교에서 전형적인 사례를 참조점으로 사용하기 십상이다. 인위
적으로 만든 범주를 학습할 때도 전형적인 사례를 먼저 학습하며, 전형적
인 사례를 먼저 제시할 때 더 빠르게 학습한다. 범주 구성원들에 대해서
추론을 할 때도 전형적인 사례가 더 유용하며, 언어 학습과 사용에도 전형
성이 영향을 미친다. 아무튼 이러한 현상을 통틀어 전형성 효과(typicality
effect)라고 부르며, 고전적 견해에 치명적인 타격을 입힌 결과들이라고 하
겠다. 보다 자세한 내용은 제2장에서 다루며, 관심 있는 독자라면 신현정
(2002), 머피(Murphy, 2004)를 참조하기 바란다.

장한다. 고전적 견해는 만일 진돌이가 개와 애완동물 모두의 필요·충분 속성을 가지고 있다면 "진돌이는 개이며 애완동물이다."가 참이 된다고 주장함으로써 이러한 논리를 쉽게 수용할 수 있다. 그렇지만 사람들은 이러한 규칙을 따르지 않는다는 사실을 시사하는 많은 경험적 증거들이 존재한다(Hampton, 1988, 1997). 예컨대, 사람들은 바둑이 게임 스포츠(게임이면서 동시에 스포츠)이기는 하지만 그냥 스포츠는 아니라고 생각하는 경향이 있다. 다시 말해서, 바둑은 한 맥락에서는 스포츠의 정의를 만족하지만 다른 맥락에서는 그렇지 않은 것으로 보인다.

고전적 견해가 가지고 있는 또 다른 장점은 범주들의 위계적 관계를 자연스럽게 설명할 수 있다는 점이다. 예컨대, 하나의 대상이 진돌이, 노랑 점박이 진돗개, 진돗개, 개, 포유동물, 척추동물 그리고 동물일 수 있다. 고전적 견해는 만일 모든 X가 Y이면, Y의 정의는 X의 정의에 포함되어야 한다는 사실을 지적한다. 예컨대, 진돗개의 정의가 무엇이든지 간에 그 정의는 노랑 점박이 진돗개의 정의에 포함되어야 한다. 모든 노랑 점박이 진돗개는 진돗개이기 때문이다. 이러한 규칙은 범주 구성원의 자격, 즉 정의가 계승된다는 점을 함축하지만, 정의의 계승이 이루어지지 않는 경우가 많다. 예컨대, 아이들의 안전을 위해 자동차 뒷좌석에 설치하는 카시트는 의자인가? 의자는 가구인가? 이 두 물음에 대부분의 사람은 그렇다고 답한다. 그렇지만 '카시트는 가구인가?'라는 물음에는 아니라고 답하기 십상이다.

2) 원형 견해: 전형성 효과

고전적 견해가 전형성 효과를 설명하지 못한다는 사실이 밝혀짐에 따라 많은 연구자는 필요·충분 속성의 집합을 버리고 새로운 입장을 받아들이게 되었는데, 가장 먼저 설득력 있게 제시된 것이 원형(prototype)이다. 원형이란 단순하게는 한 범주를 가장 잘 대표하는 사례라고 할 수 있지만, 원형이 실존하는 사례일 필요는 없다. 사람들이 실제로 경험한 범주 구성원들을 가장 잘 대표하는 가상적인 평균적 사례이거나 이상적인(ideal) 사례일 수도 있기 때문이다. 개 한 마리를 머리에 떠올려 보라. 황소만 한 그레이트데인이나 생쥐만 한 치와와를 떠올리기보다는 진돗개 크기의 전형적인 개의 모습을 떠올리기 십상일 것이다. [그림 1–2]에서 보면 원

[그림 1–2] 친족 유사성의 예   여덟 형제가 모두 가지고 있는 속성은 하나도 없지만, 부분적으로 중복되는 속성들을 가지고 있다. 중앙에 있는 모습이 형제들을 가장 잘 대표하는 원형 얼굴이다(Armstrong et al., 1983에서 인용).

형을 이루고 있는 여덟 명의 형제를 대표할 수 있는 가상적 원형이 중앙에 제시되어 있다. 일단 원형을 상정하면, 범주의 사례들을 전형성(typicality), 즉 대표성의 정도에 따라서 배열할 수 있다. 이 전형성은 원형과의 유사성에 의해서 결정된다.

그렇지만 단 하나의 구체적 원형이 전체 범주를 표상한다고 주장하는 것은 아니다. 예컨대, 하나의 새 원형이 펭귄, 타조, 펠리컨, 칠면조, 비둘기, 참새, 제비 등을 모두 표상할 수 있다고 가정하는 것은 무리다. 어떻게 이들 간의 차별성을 하나의 원형으로 표상할 수 있겠는가? 일반적으로 받아들이고 있는 원형 견해에서는 단 하나의 평균적이거나 이상적인 원형이 아니라 범주 전체를 기술하는 요약 표상(summary representation)을 내세우고 있다. 비록 그 요약 표상이 무엇인지에 대해서는 연구자마다 다른 견해를 가지고 있을 수 있으나, 가장 보편적으로 내세우는 요약 표상은 특징적 속성들의 목록이다. 특징적 속성이란 [그림 1-2]에서 본 바와 같이, 비록 한 범주의 모든 사례가 공유하지는 않지만(즉, 정의적 속성은 아니지만), 대다수의 사례가 가지고 있는 속성을 말한다. 예컨대, 개 범주의 특징적 속성으로는 '네 발' '꼬리' '털' '짖다' 등을 들 수 있다. 일반적으로 개라면 이러한 속성을 가지고 있지만, 그 속성이 없다고 해서 개가 아니라고 말할 수는 없다. 단지 전형적이지 않은 개가 되는 것이다.

원형 견해에 따르면, 범주는 사례들 간의 친족 유사성에 의하여 응집력을 가지게 된다. 친족 유사성이란 앞서 언급한 바와 같이 비트겐슈타인(1953)이 처음 사용한 용어로서, 범주에서 정의적 속성의 부재와 범주 경계의 불명확성을 지적하고 있다. 로슈와 머비스(Rosch & Mervis, 1975)는 비트겐슈타인의 철학적 견해를 받아들여, 한 범주의 전형적인 사례는 그 범주의 다른 사례들과 친족 유사성이 높고(다시 말해서 중복되는 속성을 많이 가지고 있고) 다른 범주의 사례들과는 친족 유사성이 낮은(즉, 중복되는 속성들을 적게 가지고 있는) 특성을 갖는다고 규정하였다.

친족 유사성을 가정하는 원형 견해는 다음의 몇 가지 특징이 있다.

첫째, 개념 현상의 중추적인 특성이 바로 전형성이라는 것이다. 특정 범주에 속하는 사례들을 경험하게 되면, 그 사례들을 가장 잘 대표할 수 있는 원형을 추상화하여 그 개념을 대표하는 표상으로 저장한다. 따라서 개념을 이해한다는 것은 바로 전형성을 이해하는 것이 된다.

둘째, 한 개념을 규정하는 속성은 어느 것이든 적어도 둘 이상의 사례가 공유한다. 따라서 한 개념이 포함하는 정보는 그 개념의 사례를 통해 추상화한 요약 정보다.

셋째, 개념을 규정하는 속성들은 친족 유사성과의 관련성에 따라서 가중치를 갖는다. 즉, 속성의 가중치는 그 속성을 공유하는 사례들의 수가 많을수록 증가한다. 새로 주어지는 대상이 가지고 있는 속성들의 가중치를 모두 합한 값이 일정한 역치를 넘어서면 그 범주의 사례로 간주하지만, 역치를 넘어서는 정도가 커질수록 더욱 전형적인 사례가 된다. 다시 말해서 가중치가 큰 속성을 많이 가지고 있는 사례일수록 전형적인 사례로 판단하며, 그 범주의 핵심적 위치를 차지하게 된다.

넷째, 개념은 범주 사례들의 평균값이나 최빈값 등과 같은 집중 경향을 나타내는 정보로 표상되는 것이지, 개별 사례들의 정보로 표상되는 것은 아니다.[7] 두 개 이상의 범주가 존재할 때, 새로 주어지는 대상을 어느 범주로 범주화하느냐는 것은 그 대상이 각 범주의 집중 경향과 얼마나 유사한가에 달려 있다. 즉, 유사성이 보다 큰 범주로 범주화할 가능성이 크다.

마지막으로, 한 범주의 사례들과 다른 범주의 사례들은 선형 분리 가능성(linear separability)의 특징을 갖는다.[8] 즉, 속성들의 가

----

7) 친족 유사성은 두 가지 의미로 해석할 수 있다. 하나는 범주 사례들 간의 유사성(공통 속성의 정도)에 근거한 것이고, 다른 하나는 각 사례와 범주의 중심 경향 또는 요약 표상 간의 유사성에 근거한 것이다. 다소 어려운 표현을 하자면, 전자는 주로 범주의 외연에 초점을 맞춘 것인 반면, 후자는 내포에 초점을 맞춘 것이라고 할 수 있다. 두 가지의 접근 방향이 다르기는 하지만, 범주화에 미치는 효과는 동일하다.

8) 선형 분리 가능성은 원형 견해가 뒤에서 제시할 본보기 견해와 대비된다는 측면에서 이론적으로 중요성을 갖는다. 가장 간단한 예를 들어 보자. 두 범주 A와 B의 사례들이 X와 Y라고 하는 두 개의 독립적인 차원에서 특정한 값을 갖는다고 가정해 보자. 그렇다면 모든 사례를, 예컨대 가로축이 X차원이고 세로축이 Y차원인(어느 축이 어느 차원이냐는 중요하지 않다) 직교 좌표에 위치시킬 수 있다. 이제 좌표에 $Y=aX+b$(a와 b는 임의의 상수다)라는 직선을 그어 보자. 만일 범주 A의 사례들은 모두 직선의 한쪽에 위치하고 범주 B의 사례들은 모두 다른 쪽에 위치한다면 두 범주 사례들은 선형 분리 가능한 것이다. 이렇게 선형 분리가 가능하기 위해서는 가중치의 총합을 가산적으로 결정하여야 한다. 혹시 이해가 쉽지 않다면 그냥 넘어가도 무방하다.

중치에 근거한 선형 함수(예 $Y=a_1X_1+a_2X_2+\cdots+a_nX_n$, a_i는 가중치, X_i는 속성)의 값에 근거하여 사례들을 분할할 때, 한 범주의 모든 사례는 경계의 한쪽 방향에 위치하고, 다른 범주의 모든 사례는 경계의 다른 쪽 방향에 위치한다. 이 특징은 속성 가중치가 상호 독립적이며, 가중치의 총합은 가산적으로(additively) 결정된다는 가정에 근거한 것이다.

　원형 견해는 요약 표상 정보가 무엇이냐는 측면에서 다소 모호한 점이 있기는 하지만, 고전적 견해가 직면하였던 문제들을 대부분 해결하고 있다는 점에서 많은 이점을 가지고 있다. 먼저, 필요·충분 조건을 상정하지 않음으로써 사람들이 개념의 정의 속성을 제시하지 못하는 이유를 설명할 수 있다. 그리고 무엇보다도 전형성 효과와 개념 경계의 모호성을 설명할 수 있다. 전형성 효과와 개념 경계의 모호성에 대한 설명력이 수많은 경험적 연구를 통해 검증된 이후, 원형 견해는 사물의 개념을 넘어서서 정서, 성격 특성, 임상적 진단, 대인 지각 등 다양한 영역에 적용되어 왔으며, 심지어는 그림의 스타일(Hartley & Homa, 1981)이나 음악의 주제(Welker, 1982)에까지 적용되었다.

원형 견해의 문제점　　원형 견해는 상당한 성과에도 불구하고 여러 가지 문제점이 지적되고 있다. 첫째, 단순 개념을 결합하여 복합 개념을 만드는 개념 결합 현상이 지식 표상의 핵심임에도 불구하고, 원형은 이 현상을 제대로 다루지 못한다. 고전적 견해의 경우, 복합 개념의 속성들은 단순 개념의 필요·충분 속성들의 합 집합으로 설명할 수 있지만(물론 심리적으로는 타당성이 없다), 필요·충분 속성을 가정하지 않는 원형 이론에는 집합 이론을 적용할 수 없다. 대신에 원형 이론은 퍼지 논리(fuzzy logic)에 근거하여 설명을 시도하고 있지만, 이것 또한 경험적으로 적절한 설명이 될 수 없다는 증거들이 많이 있다. 한 예로 사람들은 주걱같이 큰 숟가락보다는 식사할 때 사용하는 작은 숟가락을 더 전형적인 숟가락이라 생각하고, 나무로 만든 숟가락보다 금속제 숟가락을 더 전형적인 숟가락으로 생각한다. 그러나 숟가락의 크기와 소재를 결합하면 큰 나무 숟가락을 큰 금속 숟가락보다 더 전형적인 숟가락으로 생각한다(Medin & Shoben, 1988).

둘째, 사람들은 개념을 지칭하는 단어들이 비록 스스로는 명확한 정의를 내릴 수 없다 하더라도 필요·충분적 정의를 가지고 있으며, 모든 자연 범주의 경계는 명확하다는 강력한 직관을 가지고 있다. 또한 과제에 따라서는 사람들이 지각적 유사성보다는 범주의 정의를 이용하여 사례들을 범주화하고 추론하기도 하는데, 심지어 어린아이들의 경우도 마찬가지다. 예컨대, 숨을 쉬기 위해 열대어는 물속에 머물고 고래는 물 밖으로 나온다는 것을 알려 준 다음, 형태는 돌고래와 비슷하나 열대어와 같은 범주에 속하는 사례(예 상어)를 제시하고 그 특징에 대해 추론하게 하였더니, 3세 아동조차도 범주 이름에 따라 판단을 하는 비율이 훨씬 높았다(Gelman & Markman, 1986, 1987). 이 결과는 원형 이외에 다른 정보도 개념에 관한 정보로 표상하고 이용할 수 있음을 보여 주는 것이다.

셋째, 몇몇 연구들은 전형성 효과 자체가 개념 구조의 본질을 밝혀 주기 어렵다는 결과를 보여 주고 있다. 특히 전형성 효과는 필요·충분 속성의 존재를 부정할 수 없다. 예컨대, 홀수와 짝수같이 명확한 정의를 가지고 있는 개념의 사례에서도 전형성의 차이를 보이며, 이 차이는 많은 인지 과제에서 반응 시간의 차이를 설명할 수 있음을 보여 준다(Armstrong et al., 1983). 전형성 효과가 고전적 견해의 부적절성을 보여 준 것이기는 하지만, 고전적 견해도 개념의 특정한 측면을 설명하고 있을 가능성을 배제하지는 못한다.

넷째, 원형 견해는 앞에서 언급한 바와 같이 사람들이 개념을 중심 경향과 속성들의 상대적 가중치의 집합으로 표상한다고 주장한다. 그러나 사례 경험을 통해 범주를 학습한 실험 참가자들은 집중 경향뿐만 아니라 사례들의 변산성에 대한 정보와 속성 간의 상관관계에 대한 정보도 개념에 함께 저장하는 것으로 보인다(Homa & Vosburgh, 1976; Medin, Altom, Edelson, & Freko, 1982).

다섯째, 전형성을 원형과의 유사성으로 규정하는 것이 모든 범주에 대한 전형성 효과를 설명할 수 없다. 예컨대, '집에 불이 났을 때 우선적으로 꺼내야 할 대상' 과 같은 목표 지향적 범주의 경우에는 어린아이, 애완동물, 사진첩, 가보, 현금 등과 같이 표면적으로는 유사성이 없는 사례들이 쉽게 한 범주로 묶일 수 있으며(Barsalou, 1985), '본능' 이나 '신념'과 같은 추상적 범주의 경우에도 마찬가지다(Hampton, 1981). 이러한 경우에는 원형과의 유사성보다는 가장 이상적인 것이나 빈도가 높은 것과의 유사성이 전형성 효과를 보다 잘 설명할 수 있다.

여섯째, 원형 견해는 범주 사례들의 전형성을 고정되어 있는 것으로 간주하는데, 실제에 있어서는 전형성이 맥락에 따라서, 그리고 사례를 보는 조망에 따라서 달라지는 현상을 설명하기 어렵다. 예컨대, 커피나 홍차는 회사원들이 휴식 시간에 마시는 음료로는 매우 전형적이지만, 유치원 아동들이 간식 시간에 마시는 음료로는 전형적이지 않으며 오히려 우유와 같은 것이 더 전형적인 사례가 된다(Roth & Shoben, 1983).

3) 본보기 견해: 사례 정보의 저장

원형 견해가 고전적 견해에 비해 여러 가지 현상을 잘 설명하고는 있지만 모든 현상을 잘 설명하는 것은 아니다. 이런 연유로 제기된 또 다른 견해가 본보기 견해(exemplar view)다.[9] 본보기 견해는 새로운 사례의 범주화가 개념 표상과의 유사성에 따라서 이루어진다고 보는 점에서는 원형 견해와 맥을 같이 하지만 개념 표상이 무엇이냐는 점에서 현격한 차이를 보인다.

이 견해는 자극 일반화(stimulus generalization)에 대한 생각에서 출발한다. '자라 보고 놀란 가슴, 솥뚜껑 보고 놀란다.'는 속담에

[9) 용어 사용의 혼란을 막기 위해서 '사례(instance)'와 '본보기(exemplar)'를 구분하고자 한다. 사례는 실제 세상에 존재하는 개별 대상이나 사건을 지칭하며, 본보기는 우리 기억에 표상된 사례를 지칭한다.

서 자라에 대한 놀람 반응이 자라와 유사한 특성을 갖는 솥뚜껑에
일반화된 것이다. 새로운 자극(즉, 사례)에 대한 반응(즉, 범주화)은
그 자극이 과거에 경험하였던 자극과 얼마나 유사한가에 달려 있
다. 마찬가지로 새로운 사례의 범주화는 기억에 표상하고 있는 개
별 본보기들과의 유사성에 달려 있다는 것이다(Medin & Schaffer,
1978). 예를 들어, 창밖에 어떤 동물이 지나가는 것을 본다고 해 보
자. 우리는 어떻게 그 동물을 개라고 판단하는 것인가? 본보기 견
해에 따르면, 그 동물이 기억에 저장된 개 본보기들의 정보를 생각
나게 함으로써 개로 범주화하게 된다는 것이다.

본보기란 무엇인가? 동일한 사례라도 경험할 때마다 별도의 본
보기가 기억에 표상되는 것인가, 아니면 그 사례에 대한 단일 본보
기가 표상되는 것인가? 직관적으로는 후자가 타당해 보이지만, 연
구 결과는 전자를 지지한다. 사람들은 경험한 빈도가 높은 사례일
수록 더 전형적인 사례라고 판단하기 쉽다(Nosofsky, 1988). 그렇
다고 본보기가 추상화를 전적으로 배제하는 것은 아니다. 본보기
는 한 개념의 특정 사례일 수도 있으며, 그 개념의 부분집합일 수
도 있다. 예컨대, '옷' 개념의 본보기는 '내가 즐겨 입는 낡은 청바
지' 일 수도 있으며, '청바지' 일반일 수도 있다. 원형 견해는 추상
화가 사례 경험을 통하여 개념을 획득할 때 일어난다고 주장하는
반면, 본보기 견해는 새로운 사례의 전형성을 판단하거나 범주화
하거나, 아니면 개념에 대해서 추론을 하는 것과 같이 그 개념을
사용할 때 추상화가 일어날 수도 있다고 가정한다는 점에서 차이

를 보인다.[10]

본보기 견해는 새로운 사례를 범주화할 때 장기기억으로부터 본보기들을 인출하여 비교한다고 가정함으로써 경험적 결과에 대해서 원형 견해와 동일한 설명력을 보여 준다. 상황에 따라서 서로 다른 본보기 정보가 활성화된다고 보기 때문에, 개념 경계의 모호성, 문장 진위 판단 과제와 점화 과제 등에서의 전형성 효과, 그리고 사람들이 필요·충분 속성을 제시하지 못하는 이유 등을 쉽게 설명할 수 있다.

또한 원형 견해는 설명하기 어려운 제반 문제점들을 손쉽게 설명할 수 있는 장점이 있다.

첫째, 장기기억에서 인출하는 본보기들이 맥락, 목표, 사례의 출현 빈도와 인출 빈도 등에 따라서 달라진다고 가정함으로써 범주 사례의 생성과 전형성 판단에서 실험 참가자 간에, 그리고 실험 참

---

10) '새'의 본보기를 '새'의 하위 범주들인 '참새' '비둘기' '펭귄' '타조' 등으로 나타내는 것은 일종의 변형된 원형 견해라고 볼 수도 있다. 즉, 하위 범주들의 원형이 '새'의 본보기들이 된다는 점에서 하나의 범주 속에 여러 개의 원형이 존재하는 중다 원형(multiple prototype) 견해라고 할 수 있다. 다른 한 극단에서는 추상화를 전혀 인정하지 않고, 과거에 경험한 낱개 사례들에 대한 기억 흔적들의 집합으로 범주를 규정한다. 일반적으로 원형 견해와 대비되는 본보기 견해에서는 후자의 입장을 취한다. 본보기 견해의 경우, 기억에 저장하는 본보기들의 본질이나 수에 대한 가정에 따라서 여러 가지 변형된 입장이 있을 수 있다. 예컨대, 경험한 모든 사례를 본보기로 저장한다거나, 단지 전형적인 사례들만을 저장한다거나, 아니면 경험한 사례들을 경험 빈도나 지각적 현저성 등에 따라서 기억 흔적의 온전성과 강도가 다르게 저장한다고 가정할 수 있다.

가자 내에서 일어나는 변산성을 설명할 수 있다. 맥락, 목표, 조망 그리고 사례의 출현 빈도에 따라 전형성 판단이 달라지는 현상도 설명 가능하다. 사례 분포에 대한 기대가 본보기들의 저장 가능성에 영향을 미친다고 가정함으로써 개념 획득에 미치는 기대 효과도 설명한다.

둘째, 속성들 간의 상관성은 두 개 이상의 본보기를 동시에 인출하여 비교할 수 있다고 가정함으로써 설명한다.

셋째, 개념의 정의 가능성과 명확한 경계에 관한 사람들의 직관은 특정한 상황에서 인출한 본보기들이 장기기억 속에 들어 있는 모든 정보라고 잘못 판단함으로써 발생한다.

넷째, 속성들의 가중치가 가산적으로 합해지는 것이 아니라 곱셈적으로(multiplicatively) 합해지는 것이라고 가정함으로써 선형 분리 가능한 개념뿐만이 아니라 분리 불가능한 개념의 범주화도 설명할 수 있다.[11]

본보기 견해의 문제점   본보기 견해가 원형 견해에 비해 설명

---

11) 각주 8에서 지적한 바와 같이 원형 견해와 본보기 견해 간에 존재하는 결정적인 차이는 유사성의 계산에 있다. 예컨대, 두 개념(또는 사례) 간의 유사성을 계산하는 데 있어서 전자는 속성들 간의 유사성을 모두 합하는 방식을 취하는 반면, 후자는 곱하는 방식을 취한다. 따라서 전자는 범주들이 선형 분리 가능해야 한다는 것을 전제하고 있는 반면, 후자는 선형 분리 가능 여부가 전혀 중요하지 않다. 이것은 지극히 이론적인 쟁점이기에 이해가 어렵다면 그냥 넘어가도 무방하다.

력과 예언력에서 우위를 점할 수 있는 가장 큰 이유는 개념이 표상하는 정보가 상대적으로 풍부하다는 데 있다. 즉, 개념의 정보성이 매우 높다. 그렇기는 하지만 인지 경제성이라는 측면에서 보면 정보의 풍부성이 문제가 된다. 극단적으로 경험한 모든 사례의 정보를 장기기억에 저장한다고 가정한다면, 인지 경제성을 전적으로 무시하는 것이다. 이 문제를 해결하기 위하여 어떤 사례 정보나 속성 정보들은 아예 부호화하지 않거나 부호화하더라도 시간이 경과함에 따라서 망각한다고 가정하지만, 문제는 사례와 속성 정보의 부호화와 망각의 기제를 명확하게 제시하지 못한다는 데 있다.

보다 어려운 문제는 개념의 응집성에서 찾아볼 수 있다. 새로운 사례의 범주화는 저장한 본보기들과의 유사성에 근거한다고 주장하지만, 애초에 어떤 사례를 특정 범주의 본보기로 저장하는 것인지에 대해서는 아무런 제한을 가하지 못하고 있다. 새로운 사례를 범주화하는 경우에도 하나 이상의 본보기와 유사성이 커야 한다고 주장하지만, 원형 견해에서와 마찬가지로 어느 속성을 유사성 판단에 사용할 것인지에 대한 객관적 기준이 마련되어 있지 못하다. 한 개념의 본보기가 되기 위해서 필요한 유사성의 본질과 크기를 사전에 규정하는 근거를 가지고 있지 못하기 때문에 새로운 본보기에 대해서 아무런 제약을 가할 수가 없게 되는 것이다. 이런 점으로 볼 때 본보기 견해도 원형 견해에 대해서 앞에서 지적한 여러 가지 근원적인 문제점에서 크게 벗어나지 못한다고 할 수 있다.

4) 스키마: 원형과 본보기의 통합

사람들이 개념의 원형 정보와 본보기 정보를 모두 가지고 있으며, 주어진 과제에 따라서 다양한 정보를 사용할 수 있다는 전제하에 제안하는 일종의 절충적 견해가 스키마(schema)다. 스키마는 입장에 따라 약간씩 다르게 정의하고 있지만, 일반적으로 개념의 특성을 슬롯(slot, 차원에 해당)과 필러(filler, 차원에 부여하는 값에 해당)로 분할하는 구조화된 표상을 말한다. 슬롯은 자체적으로 어떤 유형의 필러를 가질 수 있는 것인지를 제약한다. 예컨대, 자동차의

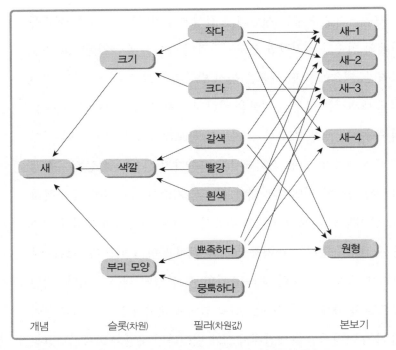

[그림 1-3] 슬롯, 필러, 본보기 그리고 원형 간의 관계를 나타내는 스키마의 예(Barsalou, 1992에서 인용)

색상 슬롯은 특정 색깔 값만을 필러로 가질 수 있으며, 크기나 연비나 가격 등과 같은 필러는 불가능하다. 또한 슬롯은 개념에 허용할 수 있는 특정 값에도 제약을 가할 수 있다. 예컨대, 자동차 크기 슬롯의 필러에는 상한선과 하한선이 있을 수 있다(물론 이론적으로는 손톱만 하거나 항공모함만 한 자동차도 가능하겠지만, 현실적으로는 불가능하다). 한 슬롯의 필러들은 상호 배타적이다. 자동차의 색이 빨강이거나 검정일 수 있지만, 빨강이면서 동시에 검정일 수는 없다(물론 검정과 빨강이 뒤섞여 있는 자동차가 있다면 별개의 필러로 존재해야 한다). 마지막으로 슬롯들은 필러에 제약을 가하는 관계에 의해서 상호 연계될 수 있다. 예컨대, 경자동차에는 광폭타이어를 장착할 수 없다. 이것은 크기 슬롯과 타이어 유형 슬롯 간의 연계를 통해서 표상할 수 있다.

스키마는 그림을 통해서 보다 잘 이해할 수 있다. [그림 1–3]에서 '새' 개념은 '크기' '색깔' '부리 모양' 등의 슬롯을 가지고 있으며, 각 슬롯에 들어갈 수 있는 값, 즉 필러들을 규정한다. '크기' 슬롯에는 '작다' 와 '크다' 는 값이 가능하며, 색깔 값들은 들어갈 수가 없다. 그렇다고 한 슬롯의 모든 값이 등가적인 것은 아니다. 어떤 값은 다른 값에 비해서 그 슬롯에 더 적합하다. 만일 한 개념의 특정 사례에 대해서 슬롯 값이 직접 주어지지 않으면, 대표적인 값을 자동적으로 추론한다. 이렇게 자동적으로 추론하여 제공하는 값을 지정값(default value)이라 부른다.

[그림 1–3]에서 보는 바와 같이 스키마는 본보기들을 표상할 수

있는 방법을 제공한다. 예컨대, 새-1은 크기, 색깔, 부리 모양 슬롯에서 작고, 갈색이며, 뾰족하다는 값을 가지고 있으며, 새-2는 작고, 빨간색이며, 뭉툭하다는 값을 가지고 있다. 보다 많은 본보기가 한 범주에 포함될수록 각 슬롯에서 중복되는 값들이 많아지기 때문에 특정한 본보기를 찾아내는 것이 어렵게 된다. 스키마의 특징 중 하나는 본보기들이 상호 독립적으로 존재하는 것이 아니라, 하나의 스키마 속에 함께 저장되어 통합되어 있다고 본다는 점이다.

스키마는 원형을 표상하는 방법도 제공한다. 각 슬롯에서 대표적인 값, 즉 지정값을 모두 가지고 있는 본보기(구체적으로 존재하는 사례든, 아니면 이론적으로만 상정한 사례든 관계없이)가 바로 원형인 것이다. [그림 1-3]에서는 작고, 갈색이며, 부리가 뾰족한 사례에 해당한다. 만일 누군가가 "산 속을 거니는데, 새 한 마리가 나무 위에서 지저귀고 있었다."라고 말한다면, 비록 그 새의 특징에 대해 아무것도 언급한 것이 없음에도 불구하고, 듣는 사람은 자동적으로 지정값, 즉 원형 정보를 활성화시켜 그 문장의 의미를 처리하게 된다. 이례적인 상황이 아닌 한, 나무 위의 새를 타조나 펭귄이거나 병아리와 같은 새로 처리하는 경우는 없다. 그렇기는 하지만, 개념을 사용하는 맥락에 따라서 지정값은 언제든지 다른 값으로 대치될 수 있다. 예컨대, 동물원이라는 맥락에서 언급하는 '새'는 오히려 크고, 빨강색이고, 뭉툭한 부리를 활성화시킬 수 있다.

개념을 망 체계로 간주함으로써 스키마는 개념 속성들 간의 관계에 대한 정보와 개념들 간의 관계에 대한 정보를 동시에 표상하고 있다. 개념의 위계적 관계에서 상위 수준 개념의 지정값은 그 개념이 포함하고 있는 하위 수준 개념의 지정값이 되기 십상이다. 예컨대, '새'의 지정값이 '날아다닌다'라면, 펭귄과 같은 특수한 경우를 제외하고는 대부분의 새가 당연히 그 값을 갖는 것으로 가정한다.

스키마는 원형 정보와 본보기 정보를 모두 통합적으로 보유하고 있기 때문에 두 모형이 설명할 수 있는 많은 현상을 설명할 수 있는 것은 물론이며, 두 모형이 개별적으로 설명하기 어려운 현상, 예컨대 개념 결합과 같은 현상들도 설명 가능하다. 또한 개념을 획득하거나 사용하는 맥락에 따라서 추상화된 정보를 강조하거나 사례 정보를 강조하는 융통성을 반영할 수 있다.

스키마 견해의 문제점   스키마는 경험한 사례의 모든 정보를 표상해야 한다고 주장하지 않는다는 점에서 본보기 견해보다 인지 경제성에서 크게 뒤떨어지지 않는다. 예컨대, 특정한 사례를 경험할 때, 자동적으로 추론할 수 있는 지정값은 별도로 표상하지 않으며 정보를 첨가해 줄 수 있는 값들만을 표상한다. 이런 면에서 스키마는 정보성에서 비교적 우수하다. 그렇지만 개념의 응집성이라는 측면에서는 원형과 본보기 견해가 가지고 있는 문제점을 그대로 노출시킨다. 스키마는 슬롯과 필러 간의 관계에서 기능적 관계와 인과적 관계뿐만 아니라 통계적·논리적 관계 정보까지도 부호화한다고 가정함으로써 응집성의 문제를 해결하고자 한다. 아무튼 속성 자체가 아니라 속성과 개념 간의 관계를 중요시한다는 것은 개념에 대한 새로운 조망 가능성을 제시하는 것이라 할 수 있는데, 그것이 다음 절에서 설명할 설명 기반 또는 지식 기반 견해의 출발점이다.

인지심리학 내에서 스키마의 존재를 상정하는 연구가 많이 수행되었다. 이 책의 범위를 넘어서는 것이기는 하지만, 모든 개념 주도적 처리, 기대 효과, 청크 만들기(chunking)[12]와 같은 재부호화, 부호화와 인출에서의 체제화 효과 등은 스키마의 존재를 상정하게 만든다. 그러나 스키마의 구조를 직접적으로 다룬 연구는 그리 많지 않다. 여기에는 몇 가지 문제점이 있기 때문이다.

첫째, 스키마 구조의 존재를 직접적으로 검증하려는 연구가 거의 수행되지 않았다. 연구자들이 밝혀내고자 하는 현상에 기저하

----

12) 청크 만들기는 조지 밀러(George A. Miller, 1956)가 작업기억(당시에는 단기기억)의 용량을 7±2 청크(chunk)로 규정한 것에서 비롯된다. 작업기억이란 현재 의식적으로 접속 가능한 기억으로 용량이 상당히 제한되어 있다. 청크 만들기란 제한된 용량의 작업기억에서 보다 많은 정보를 효율적으로 처리할 수 있도록 주어진 정보를 보다 의미 있는 큰 묶음(밀러의 표현으로 청크)으로 변환시키는 것을 말한다. 작업기억의 용량은 7±2에 불과하지만, 그 단위를 크게 만들면 전체적인 처리 용량을 증가시킬 수 있다. 이론적으로는 단위를 무한히 크게 만들면, 작업기억의 처리 용량도 무한히 커질 수도 있다. 예컨대, 01093128206을 11개의 숫자로 처리하면 우리의 작업기억 용량(7±2)을 초과하지만, 010, 9312, 8206으로 묶어 처리하면 3개의 청크에 불과하게 되어 보다 용이하게 처리할 수 있다.

는 표상으로서 스키마를 가정하기는 하지만, 그 가정 자체를 검증
한 경우는 거의 없다는 말이다. 더군다나 스키마와 같이 비교적 복
잡한 개념 표상을 가정하는 것이 형식적·수리적 분석을 어렵게
만들기 때문에, 가능한 한 상호 독립적인 속성들의 목록과 같이 단
순한 표상을 가정하는 경우가 많다.

둘째, 첫 번째 문제점과 관련된 문제로 개념 표상을 직접 관찰할
수가 없고 단지 인출과 (재)구성적 과정을 통해서만 측정할 수 있
다는 문제점이 있다.[13] 그렇기 때문에 스키마로서의 개념 표상을
평가하는 데 매우 소극적인 입장을 취하기 십상이다. 개념 표상의
구조를 보다 정교하게 구분해 낼 수 있는 세련된 방법론이 등장할
필요가 있다.

셋째, 인지심리학에는 사람들이 개념에 대해서 언급하는 다양한
정보를 하나의 단위로 표상할 수 있는 이론적 틀이 아직 마련되어
있지 못하다. 따라서 단순히 속성들의 목록이나 비교적 단순한 스
키마만을 사용해 왔으며, 인공지능이나 언어학에서 제안하는 복
잡한 스키마를 받아들이지 못하고 있다. 조만간에 사례 경험을 통

----

13) 물론 이러한 문제점은 표상의 문제를 다루는 모든 심리학 모형이 공통적으
로 가지고 있는 것이다. 표상에 대한 가정을 가능한 한 단순화시키는 것은
이론의 경제성이라는 측면에서도 중요하지만 이러한 문제점을 간접적이나
마 완화시키려는 노력의 일환이라고 할 수 있다. 그런데 스키마 견해에서는
개념 표상에 대한 가정이 기존의 원형이나 본보기 견해에 비해 상대적으로
복잡해짐으로써 이현령비현령이 아니냐는 비난을 받기 십상이다. 직관적으
로는 우리가 개념에 대한 원형 정보와 본보기 정보를 모두 가지고 있는 것
으로 보이기는 하지만 말이다.

한 개념의 학습과 획득에서부터 추론과 문제 해결에서 개념의 사용 과정에 이르기까지 개념과 관련된 전체적인 표상과 처리 과정을 포괄할 수 있는 통합적 틀이 제기될 것이라 예상한다.

마지막으로 스키마는 원형과 본보기를 모두 용인하는 절충적 견해이기 때문에, 소위 반증 가능성(falsifiability)이 결여되어 있다는 심각한 문제가 있을 수 있다. 과학 이론은 어느 것이든 절대적 진리를 추구하는 것이 아니기에, 새로운 경험적 증거에 의해서 참이 아니라는 사실을 입증할 수 있어야 한다. 아무리 많은 데이터가 지지해 왔다고 하더라도 그 이론이 참이라는 사실을 확증할 수는 없다.[14] 어떤 경험적 증거든 모두 설명할 수 있는 과학 이론은 역설적으로 아무것도 설명하고 예언할 수 없는 쓸모없는 이론일 수 있다.

---

14) 이론의 반증 가능성을 간단한 예로 설명해 보자. 수많은 구슬이 들어 있는 주머니가 있는데, 한 연구자가 구슬의 색이 모두 빨강이라고 주장한다. 무작위로 하나를 꺼내 확인해 보니 빨강이다. 그렇다고 그 주장이 맞다고 하기 어렵다. 계속해서 두 개, 세 개, …… 백 개를 꺼냈는데, 모두 빨강이다. 이제는 믿겠는가? 현재까지는 그렇다. 그런데 불행하게도 101번째 구슬이 파랑이라면, 지금까지의 결과는 물거품이 되고 만다. 어떤 결과가 나와도 틀렸다는 사실을 입증, 즉 반증할 수 없는 주장도 쓸모없는 것이다. 안수 기도가 말기 암환자를 치료해 준다는 주장이 있다고 해 보자. 안수 기도를 받고 암을 극복한 환자는 안수 기도의 효과를 입증하는 것이고, 안수 기도에도 불구하고 사망한 환자는 병이 너무나 깊었거나 안수 기도의 효과를 신뢰하지 않았기 때문이라고 치부하게 되면, 어떤 결과도 안수 기도의 효과를 반증할 수 없다. 우리 주변에는 이렇게 반증 불가능한 주장이 난무한다. 어떤 주장이든 올바르게 판단하려면, 그 주장이 반증 불가능한 것인지의 여부, 그리고 반증해 보려는 시도를 얼마나 하였는지를 확인해 보아야 한다.

5) 지식 기반 견해: 개념의 응집성

원형과 본보기 견해, 그리고 이 둘을 통합한 스키마 견해는 개념과 범주에서 유사성을 매우 중요시한다. 예컨대, 원형 견해에서는 새로운 사례의 범주화가 원형과의 유사성에 따라서, 그리고 본보기 견해에서는 기억에 표상된 본보기들과의 유사성[15]에 따라서 이루어진다고 주장한다. 그리고 동일 범주에 속한 본보기들이 응집적인 이유는 어떤 측면에서든지 서로 간에 유사하기 때문이라고 주장한다.

지식 기반 견해는 유사성에 근거한 앞의 두 견해에 대한 반작용으로 제기되었다. 개념의 응집성은 결코 유사성에 근거하여 설명할 수 없다는 것이다. 이 견해에 따르면, 개념은 세상에 관한 일반 지식의 부분이다. 많은 심리학 실험에서와 달리, 사람들은 개념을 다른 정보들과 분리한 채 획득하지 않는다. 오히려 세상에 관한 전반적인 이해의 한 부분으로 받아들인다. 예컨대, 동물의 여러 개념을 학습하면, 생물학이나 행동 아니면 다른 관련된 영역에 관한 일반 지식과 통합된다. 다시 말해서 개념의 정보에는 그 개념이 다른 개념들과 관련되는 방식에 관한 정보(또는 그 개념의 사례가 다른 사

---

15) 두 개의 사물이나 사건이 얼마나 유사한 것인가를 판단하는 문제는 생각보다 어렵고 복잡하다. 인지심리학을 비롯한 다양한 분야에서 유사성 판단에 관한 모형이 제안되었으나, 그 내용은 이 책의 범위를 벗어나는 것이기에 여기서는 다루지 않는다. 관심 있는 독자라면, 신현정(2002)을 참고하기 바란다.

물이나 사건들과 관련되는 방식에 관한 정보), 그리고 개념의 속성들 간에 존재하는 기능적 · 인과적 · 설명적 관계에 대한 정보가 포함된다. 예컨대, '책상' 개념에는 사람들이 의자에 앉아서 책상 위에 놓인 책을 읽거나 어떤 작업을 한다는 정보도 포함되어 있으며, '새' 개념에는 새가 깃털을 갖고, 알을 낳으며, 다리가 두 개이도록 만드는 어떤 유전적 구조를 가지고 있다는 정보도 포함되어 있다는 것이다. 이러한 의미에서 앞 절에서 소개한 스키마는 지식 기반 견해와 연계된다. 실제로 지식 기반 견해는 스키마를 보다 정교화시킨 것이라고도 볼 수 있다.

이 견해에 따르면 개념은 일반 지식의 한 부분이기 때문에 어떤 개념이든지 우리가 알고 있는 다른 지식과 일관성과 응집성을 유지해야 한다는 압력이 존재한다. 따라서 범주화를 비롯한 모든 개념적 처리 과정은 일반 지식에서 속성을 추론하거나 설명을 내놓는 추리 과정일 수밖에 없다고 주장한다.[16] 개념의 응집성과 융통성에 대한 지식 기반 견해의 설명은 직관적으로 타당해 보인다. 그러나 그것을 어떻게 구체화할 수 있는 것인가에 대해서는 아직까지 그렇게 많은 경험적 근거를 가지고 있지 못하다.

---

16) 이러한 측면에서 이 견해에는 다양한 이름이 붙는다. '설명 기반 견해' '세상에 관한 심적 이론' '이론 견해' 심지어는 '이론 이론' 이라고 부르기도 한다. 여기서 수식어로 사용하는 '이론' 이란 사람들이 가지고 있는 불완전하거나 상호 모순적이기도 한 세상에 관한 생각을 의미하지만, '이론' 이라는 용어가 많은 사람에게는 공식적인 과학 이론을 지칭하는 것이기에 여기서는 '지식 기반 견해' 또는 '설명 기반 견해' 라는 용어만을 사용한다.

바살로우(Barasalou, 1985)가 목표 주도적 범주라고 부르는 범주를 보자. '다이어트 음식' '집에 불이 났을 때 들고 나오는 것' '좋은 생일 선물' 등을 대표하는, 즉 전형적인 사례는 어떤 것들인가? 이러한 범주들의 전형적인 사례는 친족 유사성에 의해서 결정되지 않는다. 오히려 가장 이상적인(ideal) 사례가 가장 전형적인 것이다. 예컨대, '다이어트 음식'의 훌륭한 예는 칼로리가 아주 적으면서도 포만감을 느낄 수 있게 해 주는 음식이다. 이상적인 사례는 사례들을 관찰하고 자주 출현하는 속성들을 확인한다고 해서 찾아지는 것이 아니다. 칼로리와 포만감에 관한 일반 지식을 적용해야만 추론해 낼 수 있는 것이다. 메딘 등(Medin, Wattenmaker, & Hampson, 1987)은 친족 유사성에 근거하여 범주화할 수 있는 가상의 동물 그림들을 사람들에게 보여 주고 범주화하도록 하였다. 동물들의 모습을 여러 가지로 바꾸어 보기도 하고, 실험의 지시문을 다양하게 만들어 제시하였으나, 실험 참가자들은 동물들을 친족 유사성에 근거하여 범주화하지 않았다. 다만, 참가자들이 배경지식에 근거하여 그 구조를 깨달을 수 있도록 속성들 간의 관계를 현저하게 만들었을 때에만, 친족 유사성에 근거한 범주화가 이루어질 수 있었다. 요컨대, 범주 학습의 용이성은 속성들 간의 관계를 설명할 수 있는지의 여부에 의해 결정된다고 볼 수 있다.

개념적 지식을 사용하는 데 있어서도 설명의 역할이 중요하다는 증거들이 있다. 형용사−명사 또는 명사−명사의 결합은 사람들이 세상 지식, 즉 서로 다른 대상이 서로 어떻게 상호작용하는가에 대

한 지식을 통해서 속성들을 선택하고 가중치를 부여할 수 있을 때
에라야 비로소 이해할 수 있다(최민경, 신현정, 2007, 2010; Medin &
Shoben, 1988). 사회적 개념들 간의 결합, 예컨대 '부산 출신 국회
의원'의 의미를 파악하고 이해하는 데에도 마찬가지다(Kunda,
Miller, & Claire, 1990).

지식 기반 견해의 문제점   이 견해에 따르면, 개념의 응집성은
본보기들을 서로 연결하는 일련의 관계, 다시 말해서 본보기들을
하나로 묶어 주는 설명이 존재함으로써 나타난다. 예컨대, 깃털이
있고, 다리가 두 개이며, 부리가 있는 동물들이 '새' 개념의 사례
인 이유는 이러한 속성들이 함께 출현하도록 만들어 주는 기저의
유전적 구조가 있기 때문이라고 이해·설명하는 것이다. 이러한
이해·설명은 개념의 응집성은 물론이고, 정보성을 높이는 데도
도움을 줄 수 있다. 만일 어떤 새가 물에서 주로 생활한다면, 발에
물갈퀴가 있고 몸에서 지방질이 많이 분비될 것이라는 등의 추론
이 가능하다.

반면에 응집성과 정보성에서의 강점은 인지 경제성이라는 측면
의 문제를 야기할 수도 있다. 이 견해는 개념 속에 속성들 간의 관
계, 속성과 사례들 간의 관계, 사례와 사례들 간의 관계, 사례와 세
상의 다른 대상들 간의 관계 등에 대한 정보가 포함된다고 주장한
다. 이러한 주장이 극단적으로 진행된다면, 하나의 개념은 모든 세
상 지식을 포괄하고 있다는 무리한 주장도 가능하게 된다.

최근에 많은 연구자는 이 견해의 가능성이 매우 큰 것으로 낙관하고 있으나, 다음과 같은 몇 가지 문제점이다.

첫째, 전통적으로 구분해 오던 사전적 지식(어휘 지식 또는 개념 지식)과 백과사전적 지식(일반 지식) 간의 차이를 어떻게 다룰 것인지의 문제가 명확하지 않다. 만일 이 구분이 적절한 것이라고 한다면, 개념과 일반 지식은 어떻게 상호작용한다고 볼 것인가?

둘째, 개념에 대해 이루어지는 추론에는 어떤 유형이 존재하는지가 명확하지 않다. 만약 여러 가지 유형이 존재한다면, 추론을 통해서 유도된 정보와 개념이 표상하고 있는 정보 간에는 어떤 구분이 가능한 것인지도 불명확하다.

셋째, 가장 큰 문제는 설명이 직관적으로는 그럴듯해 보이지만, 무엇인지가 불명확하다는 점이다. 만일 설명적 정보가 유사성, 전형성, 맥락 효과, 개념 결합, 응집성 등에 대한 사람들의 판단에 기저하는 것이라고 주장한다면, 그 기저에 있는 기제를 명확하게 밝힐 수 있어야 하는데, 현재로서는 그것이 불가능하다.

지식 기반 견해에 따르면, 추론과 분리해서는 개념을 이해할 수 없으며 불변적이고 안정된 표상으로 간주하여서는 안 된다는 암묵적 가정이 내포되어 있다. 만일 이러한 가정을 받아들여야만 한다면, 개념의 이해는 더욱 복잡해질 수밖에 없다. 개념은 인지 또는 앎이라는 큰 틀 속에서만 이해할 수 있기 때문이다.

4. 개념/범주와 단어 간의 관계

개념과 단어는 밀접하게 관련되어 있다. 대부분의 개념은 단어
나 구로 표현할 수 있으며, 대부분의 단어는 개념을 지칭하는 상징
으로 작용한다. 그렇다면 단어 의미가 곧 개념 또는 범주인가? 직
관적으로는 둘 간에 상당한 유사성이 있으며, 많은 연구가 두 용어
를 상호 교환적으로 사용하고 있다. 그렇기는 하지만 둘은 구분해
야 할 필요가 있다. 개념은 세상에 존재하는 대상 유목에 관한 비
언어적 심적 표상인 반면, 단어 의미는 그 단어에 중요성을 부여하
며 세상과 관련시켜 주는 측면이라고 할 수 있다(Murphy, 2004).
그런데 단어가 중요성을 확보하는 것이 바로 개념과 연계되기 때
문이라는 측면에서 둘은 밀접하게 연관될 수밖에 없다. 개념은 우
리가 외부 세상과 상호작용하기 위한 결정적 정보를 제공해 주며,
단어 의미는 그 정보를 상호 전달하는 데 필수적이다. 만일 단어
의미가 개념 및 개념 구조와 독립적인 것이라면 단어, 나아가 언어
의 사용은 우리의 개념 구조와 무관한 것이며 그 개념 구조에 아무
런 영향을 미칠 수 없다. 단어 의미가 개념이 아닌 다른 것으로 표
상됨에도 불구하고 지극히 우연하게 개념과 동일한 자질을 갖는
다고 주장하는 것도 억지 주장에 불과하다. 제2장에서 보게 되겠
지만, 단어 의미의 개념적 표상에 관한 경험적 증거들은 헤아릴 수
없이 많다.

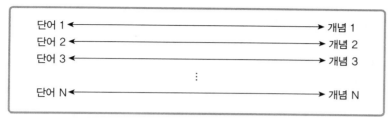

[그림 1-4] 단어＝개념

아무튼 단어 의미라는 문제는 철학과 언어학 그리고 심리학에 걸쳐있는 거대 담론 중의 하나이기 때문에 여기서 간단하게 다룰 수 있는 문제가 아니다. 여기서는 단지 단어 의미가 어떻게 마음에 표상된다고 보아야 할 것인가에 대해서만 초점을 맞추고자 한다.

단어 의미는 간단하게 표현해서 그 단어를 특정 개념 또는 개념 구조와 대응시킴으로써 마음에 표상된다고 할 수 있다. 즉, 개념 으로부터 의미가 구축되어 단어에 부여된다고 생각하는 것이다. 문제는 우리가 개념 구조에 대해서 모든 것을 알지 못한다는 데 있다. 아무튼 단어와 개념은 어떻게 대응되는 것인가? 가장 단순 한 생각이 '단어＝개념'의 생각이다. [그림 1-4]에서 보는 바와 같이 하나의 단어가 하나의 개념과 대응하는 것이다. 그렇지만 이 것은 지극히 순진한 생각일 수밖에 없다. 동의어나 중의어는 일대 일 대응이 되지 않는다. 둘 이상의 동의어가 하나의 개념과 연결 되며, 중의어는 둘 이상의 개념과 연결된다. 보다 심각한 문제는 대응되는 단어가 없는 개념들이 많이 존재한다는 것이다. 그리고 모든 단어(적어도 내용어)는 의미를 가져야 하지만, 그렇다고 해서

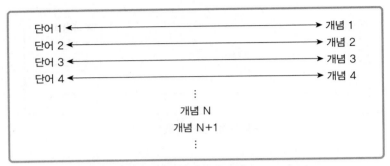

[그림 1-5] 단어＝개념＋해당 단어가 없는 개념들

모든 개념이 단어와 연결되어 있는 것은 아니다.

이러한 문제점을 보완할 수 있는 생각이 [그림 1-5]다. 즉, 모든 단어는 하나의 개념과 연계되지만, 어떤 개념은 대응하는 단어를 가지고 있지 않다는 생각이다. 여기서도 중의어가 문제가 될 수 있지만, 중의어를 반복 제시하는 방법을 사용하면 이 문제를 해결할 수 있다. 진정한 문제점은 개념이 무엇인지를 확실하게 규정하기 어렵다는 데 있다. 3절에서 논의한 바와 같이, 만일 우리의 개념 구조가 밀접하게 상호 연관된 사실과 신념들의 집합이라면, 단일 개념을 분리해 내는 것은 지극히 어려운 일이 될 수 있다. 예컨대, 손가락은 손이나 팔에서, 손톱은 손가락에서 의미를 갖는 것이지 전적으로 독립된 개념이라고 보기는 어렵다. 또 다른 문제는 대부분의 단어가 중의어는 아니더라도 상호 관련된 다양한 의의(sense)를 가지고 있는 다의어(polysemy)인 경우가 대부분이라는 점이다.[17] 요컨대, [그림 1-5]와 같은 생각을 가지고도 단어와 개념 간의 관계를 규정하기가 쉽지 않다.

그렇다면 개념과 단어 간에는 더욱 복잡하고 융통성이 있으며 변화무쌍한 관계가 존재할 수밖에 없다. 단어 의미가 개념 구조에 근거하여 구성되는 것임을 인정하더라도,[18] 다의어에 다양한 뜻, 즉 의의가 존재한다는 사실은 단어와 개념 간에 일대다의 대응관

---

17) 용어 사용의 어려움을 피력해야겠다. 단어 '사과' 는 무슨 의미인가? 대표적인 과일의 한 종류라는 의미인가, 잘못에 대한 용서를 구하는 의미인가, 아니면 네 번째 장(章)의 의미인가? 이 경우 '사과' 는 뿌리가 다른 여러 가지 의미를 가지고 있는 중의어(ambiguous word, homonym)라고 부르기로 한다. '저기 학교가 있다.' 와 '누구나 학교를 다녀야 한다.' 는 문장에서 '학교' 는 어떤가? 전자는 건물로서의 학교를 의미하는 반면, 후자는 제도로서의 학교를 의미한다. 둘은 밀접하게 관련되어 있으며, 하나의 의미가 가지를 친 것이라고 볼 수 있다. 이 경우를 다의어라고 부르고, 그 의미를 의의라고 부르기로 한다. 사전에서 표제어에 위첨자 1, 2 등으로 표시한 동일한 단어는 중의어를 나타내며, 하나의 표제어 속에 ①, ② 등으로 표시하여 제시한 것은 다의어가 된다. 개념과 단어 의미 간의 관계를 규명하는 데 있어서 정말로 연구자들을 괴롭히는 문제가 바로 다의어다. 사용 빈도가 높은 단어들은 거의 예외 없이 다의어다. 예컨대, 영어의 경우 line은 26가지 의의를 가지며, run은 40가지 의의를 가지고 있다. 세부적인 내용은 이 책의 범위를 벗어나는 것이다. 보다 자세한 내용을 보고 싶은 관심 있는 독자라면, 신현정, 최미영, 최민경(2004) 그리고 머피(Murphy, 2004) 제11장을 참조하기 바란다.

18) 심리학이나 언어학에서는 여기서 전제로 하고 있는 단어 의미에 대한 개념적 접근뿐만 아니라 다양한 접근을 제기해 왔다. 대표적인 접근이 단어 연상에 근거한 것이다. 고전적인 의미 미분법(semantic differential; Osgood, Suci, & Tannenbaum, 1957)에서 출발하여, 1960년대에 개발된 다차원척도법이나 군집분석법에 근거한 의미 분석(Shepard, 1974), 1990년대 이후 컴퓨터의 빠른 처리에 근거한 LSA(latent semantic analysis; Landauer & Dumais, 1997)나 HAL(hyperspace analogue to language; Lund & Burgess, 1996) 등과 같은 기법들을 개발하여 사용하고 있다. 기본 생각은 유사한 연상 패턴을 가지고 있는 단어들이 유사한 의미를 갖는다는 것이다. 보다 자세한 내용은 관련 참고문헌을 참조하기 바란다.

계가 존재할 수밖에 없음을 함축한다. 아동이 어휘를 학습하고 개념을 형성해 가는 과정에서도(어른들이 새로운 어휘나 개념을 획득하는 과정도 마찬가지다) 개념적 구조가 발달함에 따라서 단어의 의미도 그 발달을 반영하도록 변할 수밖에 없으며, 단어 학습이 진행됨에 따라서 개념적 구조의 변화가 초래된다. 즉, 개념과 단어는 역동적으로 상호작용하는 관계를 가지고 있다.

개념과 단어 간의 관계를 더욱 복잡하게 만드는 또 다른 사실은 단어가 사용하는 맥락에 따라서 상의한 의미를 가질 수 있다는 점이다. '닭은 전형적인 가금류다.' '닭이 정원에서 꼬꼬댁거린다.' '닭이 보양식으로 좋다.'에서 '닭'은 동일한 의미를 갖지 않는다. 첫 번째 문장에서는 닭 일반을, 두 번째 문장에서는 특정한 닭을, 그리고 세 번째 문장에서는 살아 있는 닭이 아니라 닭고기를 의미한다. 즉, 맥락이 여러 가지 의의 중에서 특정한 의의를 선택하게 만든다.[19] 이러한 맥락 효과는 단어 의미가 배경지식에 크게 의존하고 있다는 사실을 반영한다.

개념과 단어 간의 관계를 어떻게 규정지어야 하겠는가? 이것은 직관적인 생각처럼 그렇게 단순한 문제가 아니다. [그림 1-6]은

----

[19] 단어 의미에 대한 맥락 효과는 명사보다는 동사와 형용사에서 훨씬 더 많이 나타난다. 예컨대, '소녀가 기도하고 있다.'와 '고양이가 기도하고 있다.'는 문장에서 주어인 소녀와 고양이는 특정한 소녀와 고양이를 참조하지만, 술어인 '기도하고 있다'는 주어에 의해서 그 내용이 크게 변하게 된다. 고양이의 경우, 두 뒷발을 몸통 밑에 숨기고 두 앞발을 앞으로 모은 채 눈을 감고 있는 모습이 마치 기도하는 모습처럼 보여서, 은유적으로 그렇게 표현한 것이다.

단어 의미가 개념들로부터 구성되는 방식에 대해서 머피(2004)가 제안한 것이다. 그림에서 N으로 표시한 조그만 원형 마디는 개념을 나타내고, 그 연계는 개념들 간의 관계를 나타내며, 이것들이 모두 개념적 구조를 형성한다. 그림에서 개념, 즉 마디의 상하 위치는 위계적 구조를 반영하는 것이다. 단어는 그 개념적 구조의 일부분과 연계되어 있다. 물론 이렇게 간단한 그림이 단어 의미의 완벽한 모형일 수는 없지만, 기본적인 생각은 꽤 타당성을 가지고 있다.[20]

[그림 1-6]에서 단어 2와 같이 일반적으로 개별 단어는 여러 가지 의의를 가지고 있다. 이러한 의의들은 개념적 구조에서 중복되는 부분들이 된다. 어떤 의의는 개념적 구조에 명시적으로 표상되어 있는 반면에 또 다른 의의는 맥락에 따라서 핵심 의미로부터 유도되기도 한다. 예컨대, 단어 2의 의의 1은 단 하나의 마디 N2와 연결되어 있는데, N2는 상위 수준으로 N1, 동일 수준으로 N3과 N4, 그리고 하위 수준으로 N5와 N6과 관계를 맺고 있다. [그림 1-6]이 가지고 있는 가장 중요한 함의는, 첫째 한 단어가 많은 의의를 가지고 있으며, 특정한 의의를 선택하거나 배경지식에 근거하여 새롭게 도출하는 것이 언어 이해에서 매우 중요한 측면이라는 점이

---

[20] 물론 이 그림은 의의를 확인하고 표상하는 처리 과정, 관련된 개념들과 배경지식이 의의에 제약을 가하는 방식, 단어가 특정 맥락에서 출현할 때마다 특정한 해석이 이루어지는 과정, 특정 단어에서 새로운 의의가 도출되는 방식 등에 대해서는 알려 주는 것이 없다. 단지 단어와 개념 간의 관계가 얼마나 복잡한 것인지를 보여 주고자 하는 것이다.

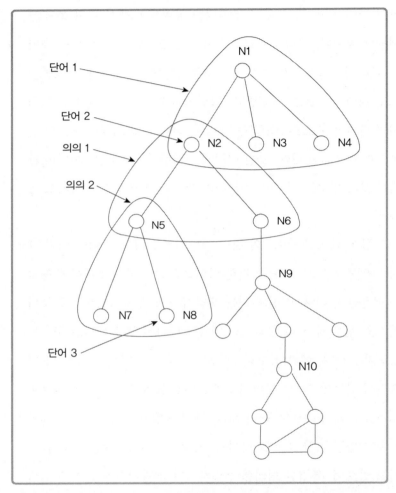

[그림 1-6] **단어 의미가 개념으로부터 구성되는 방식**(Murphy, 2004에서 인용)

다. 둘째, 단어가 선택하는 개념적 구조는 단순히 속성의 집합이
아니라 상대적으로 정교한 하위 구조이며, 관련된 다른 하위 구조
들과 밀접하게 통합된다는 점이라고 할 수 있다. 그렇다고 해서 언

어 이해나 산출 과정에서 특정 단어와 관련된 모든 개념적 지식이 동원되는 것은 물론 아니다.

5. 결론 및 요약

1970년을 전후하여 범주화에 대한 심리학 연구는 유사성에 기반을 두어 왔다. 사례들이 하나의 범주로 묶이는 것은 이들이 상호 간에 유사하거나, 개념의 원형과 유사하거나, 개념의 정의와 유사하기 때문이라는 주장들이다. 주장들 간의 기본 차이점은 개념의 심적 표상을 정의적 속성들의 집합, 특징적 속성들의 요약 표상, 본보기들의 집합 중 어느 것을 내세우느냐에 있다. 1980년대 이후에는 개념을 일반 지식의 한 부분으로 간주해야 한다는 입장이 대두되었다. 즉, 세상 지식에 근거한 설명과 추론을 강조하는 새로운 입장이다.

지식 기반 또는 설명 기반 견해는 상당한 가능성을 보여 주고 있다. 그러나 앞서 언급한 것처럼 많은 문제점도 가지고 있다. 이 견해가 유사성 기반 견해를 포기하고 새로운 대안으로서 제기된 것이 아니라, 개념에는 규칙 정보, 원형 정보 그리고 본보기 정보들 외에 관계 정보(특히 설명적 관계)가 포함되어 있다고 주장하는 것으로 받아들인다면, 현재로서의 결론은 다음과 같이 내릴 수 있다. 개념은 유사성, 추론 그리고 설명이라는 현상을 밝히지 않고는 이해할 수 없다.

개념과 단어는 밀접한 관계를 맺고 있다. 그렇지만 직관적으로 생각하는 것처럼 일대일의 대응관계를 가지고 있는 것은 아니다. 단어 의미가 개념적 구조에 근거하여 형성되는 것이라고 가정할 때, 수많은 경험적 연구는 그 관계가 매우 복잡할 수밖에 없다는 사실을 설득력 있게 보여 주었다. 단어 의미를 언어 사전이 정의하고 있는 것처럼 핵심 의미로만 규정해야 할 것인지 아니면 백과사전처럼 관련된 모든 지식에 근거하여 규정해야 할 것인지의 문제는 앞으로 해결해야 할 중요한 문제로 남아 있다.

다음 장에서는 개념과 범주에 대한 심리학 연구에서 제기하는 중요한 현상들을 살펴보도록 한다.

02 _

개념/범주와 관련된 주요 현상

직관적으로 보면, 개념의 구조와 사용은 지극히 자명한 것으로 보인다. 전통적으로 형식 논리와 결부하여 필요·충분 속성의 집합으로 규정하여 왔으나, 앞 장에서 보았던 것처럼 개념은 그렇게 단순한 것이 아니다. 1970년대 이후 개념에 관한 심리학적 연구가 누적됨에 따라서 그 구조와 심적 처리가 매우 복잡하다는 사실을 확증해 왔다. 세상은 형식 논리가 주장하는 바와 같이 명료하게 분류되지 않는다. 심지어 생물과 무생물의 경계도 명확하지 않으며, 동·식물의 경계도 마찬가지다. 어떤 틀에 근거해서 세상을 분류하든, 항상 그 경계 영역에 존재하는 중간자들이 있게 마련이다. 구체적이든 추상적이든 세상에 대한 지식의 기초가 되는 개념도 마찬가지다. 개념의 구성원들이 그 개념을 대표하는 정도, 즉 전형성에서 차이를 보이는 등위 구조를 나타내며, 맥락에 따라서 상호 배타적인 둘 이상의 개념에 동시에 포함되기도 하고 포함되지 않기도 하는 사례들이 항상 존재한다.

개념의 구조와 사용, 획득과 구성 등에 관한 심리학 연구에서 일관성 있게 밝혀진 여러 현상이 존재한다. 이 장에서는 그러한 현상들을 간략하게 소개한다. 고전적 견해를 무너뜨린 결정적 계기가 되었던 전형성 효과는 이미 제1장에서 소개한 바 있다.

1. 전형성 효과

참새는 새인가? 그렇다면 비둘기는? 펭귄이나 타조는 어떤가? 이 물음들에 답하지 못할 사람은 없다. 모두 새다. 그렇지만 심리적으로 새를 대표하는 정도에 있어서는 상당한 차이를 보인다. 참새나 비둘기는 새의 좋은 사례들이지만, 펭귄이나 타조는 그렇지 못하다. 제1장에서 보았던 것처럼 사례가 범주를 대표하는 정도를 전형성이라고 부르며, 많은 연구는 전형적인 사례들이 그렇지 않은 사례들보다 거의 모든 정보 처리에서 우선권을 갖는다는 사실을 보여 주고 있다. 이 현상을 '전형성 효과(typicality effect)'라고 부른다. 이 효과는 자연 범주에서만 나타나는 것이 아니다. 색깔과 기하도형, 문자와 숫자의 배열, 심지어는 무의미한 점 패턴과 같은 자극에서도 나타난다. 이러한 효과가 나타나는 대표적인 정보 처리 사례들을 몇 가지 보도록 하자.

첫째, 사람들에게 특정 범주에 속하는 사례들의 전형성 정도를 평가하게 하면, 상당히 일관성 있는 결과를 얻을 수 있다. 거의 모든 사람이 참새나 비둘기를 펭귄이나 타조보다 더 전형적인 새의 사례로 평가한다.

둘째, 범주의 사례들을 학습하는 순서에 있어서도 전형적인 사례가 우선한다. 아동이 범주 사례의 이름을 학습할 때도 전형적인 사례의 이름을 먼저 획득하기 십상이다. 인위적인 범주를 구성하여 전형성에서 차이나는 사례들을 제시하여도,[1] 사람들은 전형적인 사례들을 보다 빠르고 정확하게 학습한다.

셋째, 특정 범주에 속하는 사례들을 회상해 내는 경우에도 전형적인 사례들을 우선적으로 인출한다. 예컨대, 사람들에게 새의 사례를 보고하도록 요구하면, 참새나 비둘기가 펭귄이나 타조보다 먼저 떠오르기 십상이다.

넷째, 범주 이름에 근거해서 생성하는 기대에 있어서도 전형성 효과가 나타난다. 누군가 "어제 나는 새를 보았어."라고 말한다면, 특별한 경우가 아닌 한 우리는 참새나 비둘기와 같은 새를 보았을 것이라고 기대하지 펭귄이나 타조를 기대할 가능성은 별로 없다.

다섯째, 사례 이름의 사용 빈도에 있어서도 일반적으로 전형적인 사례명의 빈도가 상대적으로 높다. 예컨대, 국립국어원(2005)의 조사 결과를 보면, 대략 150만 어절 중에서 참새는 114번, 비둘기는 14번 출현한 반면, 펭귄은 2번 그리고 타조는 3번 출현하였다.

여섯째, "A는 거의 B다."라는 진술에서 사람들은 전형적인 사례를 B에 위치시킨다. 예컨대, "104는 거의 100이다."라고 말하지, "100은 거의 104다."라고는 하지 않으려고 한다. 마찬가지로 "분

---

1) 실험 연구에서 사용하는 인위적인 범주 사례들의 전형성은 일반적으로 다음과 같이 규정한다. 우선, 각 범주의 원형(prototype)을 구성하고, 그 원형을 변형시켜 범주의 사례를 만든다. 이때 변형시키는 정도가 작은 사례는 원형과의 유사성이 크기 때문에 상대적으로 전형적인 사례가 되며, 변형시키는 정도가 큰 사례는 전형적이지 않은 사례가 된다. 즉, 변형의 정도는 그 사례의 전형성과 반비례한다.

홍은 거의 빨강이다."를 "빨강은 거의 분홍이다."보다 선호한다.[2]

일곱째, 실험실 연구에서 가장 많이 나타난 결과가 문장 진위 판단의 속도에서 나타나는 전형성 효과다. 예컨대, "참새는 새다."와 "펭귄은 새다."의 진위를 판단하는 데 걸리는 시간을 측정해 보면, 전자의 반응 시간이 후자보다 유의하게 빠르다. 이러한 판단을 할 때 두뇌에서 발생하는 사건 관련 전위(event-related potential: ERP)[3]를 측정해 보아도 전자를 판단할 때 ERP의 변화가 빠르게 일어난다.

전형성 효과는 범주나 범주 사례들에 대한 처리에만 국한하지 않는다. 제3장에서 보게 되겠지만, 범주 기반 귀납추리에서도 나타난다. 전형적인 사례가 범주에 대해서 보다 강력한 추론을 가능하게 해 준다. 예컨대, 참새가 X라는 속성을 가지고 있을 때 모든

----

2) 이러한 현상을 인지적 '참조점(cognitive reference point) 현상'이라고 부른다. 우리가 십진법을 사용하는 한에 있어서, 예컨대 10으로 나누어 떨어지는 100이 104보다 더 대표적, 즉 전형적인 숫자다. 색깔의 경우에도 특정한 색, 예컨대 빨강에 해당하는 색은 다양하게 존재할 수 있으나 그중에는 빨강을 가장 잘 대표하는 색, 즉 전형적인 초점색(focal color)이 있기 마련이다. 우리가 그저 '빨강'이라고 말하는 경우에는 빨강의 초점색(태극기에 사용하는 진홍)을 떠올리기 마련이며, 분홍도 광의적인 의미에서 빨강에 해당하지만 전형적인 빨강은 아니다. 따라서 빨강을 참조점으로 사용하게 된다.

3) 사건 관련 전위란 어떤 자극에 대한 반응으로 자극 제시 직후에 나타나는 뇌파의 변화를 의미한다. 예컨대, 'N100'은 자극 제시 후 100ms 정도 후에 뇌파가 음전위(negative potential)로 나타나는 ERP며, 'P300'은 자극 제시 후 300ms 정도 후에 뇌파가 양전위(positive potential)로 나타나는 ERP다. ERP는 시간 경과에 따른 두뇌 활동의 특성을 나타내며, 인지 과정에 대한 정보를 제공한다.

새가 그 속성을 가지고 있을 가능성과 펭귄이 X를 가지고 있을 때 모든 새가 그 속성을 가지고 있을 가능성 중에서 어느 것이 더 높겠는가? 거의 모든 사람은 전자의 가능성이 후자의 가능성보다 높다고 판단한다. 이 효과는 자연 범주뿐만 아니라 '다이어트 음식'과 같은 목표 주도적 범주의 귀납추론에서도 나타난다(Rein, Goldwater, & Markman, 2010).

문장을 처리하는 과정에서도 전형성 효과가 나타난다. 예컨대, '아이에게 과일가게에 가서 레몬과 사과를 사오라고 심부름을 시켰다.'는 문장을 들려주고 시간이 어느 정도 경과한 후에 그 문장을 반복하라고 요청하면 '아이에게 과일가게에 가서 사과와 레몬을 사오라고 심부름을 시켰다.'라고 말하기 십상이다. 이 말에서 무엇이 바뀌었는지 알겠는가? 사과와 레몬의 인출 순서가 바뀐 것이다. 이는 들었던 문장을 다시 생성하고자 할 때, 전형적인 사례가 마음에 먼저 떠오르기 때문이다. 대용어(anaphoric noun)의 처리도 전형성의 영향을 받는다. 다음 두 표현 중에 어느 것이 더 이해하기 용이한가?

① 사과가 수북하게 쌓여 있다. 그 과일은 새큼달큼하다.
② 레몬이 수북하게 쌓여 있다. 그 과일은 새큼달큼하다.

각 표현에서 두 번째 문장의 '과일'은 사과나 레몬을 지칭하는 대용어다. 그런데 사과가 레몬보다 대용어로 사용한 '과일'의 전형적인 사례이기 때문에 ②보다 ①을 이해하기가 쉽다. 각 표현에서 두 번째 문장을 읽는 데 걸리는 시간을 측정해 보면, ②보다 ①이 빠르다. 이렇게 간단한 문장인데도 말이다.

판단과 의사 결정에서도 전형적으로 전형성 효과가 나타난다. 다음 과제를 직접 수행해 보라.

올해 31세로 독신인 미스 김은 말을 조리 있게 하며 매우 똑똑하다. 대학에서 철학을 전공하였으며, 남녀 차별과 사회 정의에 대단히 관심이 많고, 촛불 시위에도 적극적으로 참여한다.
다음 세 진술을 가능성이 높은 것부터 순서를 매겨 보라.

① 미스 김은 여성운동에 적극적이다.
② 미스 김은 은행 출납계원이다.
③ 미스 김은 여성운동에 적극적인 은행 출납계원이다.

만일 여러분이 ① → ③ → ②로 순서를 매겼다면, 지극히 정상적으로 반응한 것이다. 실제 실험에서도 거의 85%의 실험 참가자들이 그렇게 반응한다. 그렇지만 이러한 반응은 다소 어려운 표현을 쓴다면, 결합오류(conjunction fallacy)를 나타낸 것이다. 논리적으로 ③은 ①과 ②의 교집합이기 때문에, ①과 ②의 부분집합일 수밖에 없다. 따라서 ③은 결코 ②보다 가능성이 더 높을 수 없는 것이다. 그럼에도 불구하고 ③의 가능성이 더 크다고 생각하는 것은 심리적으로 ③이 ②보다 미스 김에 대한 설명을 보다 잘 대표하기 때문에, 다시 말해서 더 전형적이기 때문이다.

로또 복권을 사면서 번호를 '1, 2, 3, 4, 5, 6'이나 '40, 41, 42, 43, 44, 45'를 선택하는 사람이 있을까? 제정신이라면 아마도 없을 것이다. 차라리 '8, 22, 27, 33, 40, 44'와 같은 번호를 선택할 것이다. 그 이유는 무엇인가? 거의 모든 사람이 이렇게 연속적인 번호는 당첨될 가능성이 전혀 없다고 생각하기 때문이다. 그리고 만일 이런 번호가 1등에 당첨된다면, 무엇인가 잘못되었거나 음모가 있었을 것이라고 생각하기 십상이다. 이 생각은 올바른 것인가? 논리적으로는 잘못된 생각이다. 어떤 조합이든지 45개 숫자 중에서 6개를 선택할 때 1등에 당첨될 확률은 모두 1/8,145,060이다.[4] 그럼에도 불구하고 이러한 반응을 보이는 것은 앞의 두 번호의 집합은 복권 번호로 전혀 전형적이지 않은 것처럼 보이는 반면, 세번째 집합은 매우 전형적인 로또 번호인 것처럼 보이기 때문이다.

우리는 일상적으로 어떤 사건이 일어날 확률이 얼마나 될지(예

----

[4] 경상남북도 전체를 통틀어 비가 한 방울 떨어져서 누군가의 머리에 맞았는데, 그것이 나일 가능성 정도에 해당하는 확률이니, 그 가능성은 거의 없다고 보는 것이 옳을 것이다. 만일 이 정도의 확률에 자신의 운을 맡기고 물불 안 가리고 덤벼든다면, 필시 패가망신하고 말 일이다. 복권은 십시일반으로 누군가를 도와준다는 생각으로 재미삼아 참여하는 정도에 머물러야 할 것이다. 지나는 김에 한마디 덧붙인다면, 사람들은 다른 복권보다 로또 복권에 더 열광하는 경향이 있다. 가장 큰 이유는 스스로 번호를 선택할 수 있다는 것이겠다. 일반적으로 사람들은 스스로 선택한 번호들이 이미 부여된 번호들보다 당첨 가능성이 더 크다고 오해한다. 전혀 근거가 없음에도 말이다. 그리고 시중에는 당첨 가능성이 높은 번호를 알려 준다는 황당무계한 책자들이 나돌고 있다. 이런 책을 구입하는 데 쓸 여윳돈이 있다면, 차라리 어려운 사람을 위해서 기부를 하는 것이 산신령을 감동시켜 1등 당첨의 행운을 가져다줄지 모르겠다.

컨대, 내일 비가 올 확률) 판단하며, 둘 이상의 대안 중에서 하나를
선택하는 과제를 끊임없이 수행한다. 이렇게 확률을 추정하고 문
제를 해결할 때, 사람들은 어떤 전략을 사용하는 것인가? 그 전략
은 크게 연산법(algorithm)과 발견법(heuristic)으로 나눌 수 있는데,
사람들은 일반적으로 주먹구구식 방법이라고 할 수 있는 발견법
을 주로 사용한다. 전형성 효과가 극명하게 나타나는 발견법 전략
중의 하나가 대표성(representativeness) 발견법이다.[5] 이 전략은
어떤 사건이나 대상이 일어나거나 특정 범주에 속한 확률을 추정
할 때 그 사건이 그 범주에서 얼마나 대표적인지, 즉 전형적인지에
근거하는 전략이다. 이 전략을 사용하면 대부분의 경우에는 완벽
하지는 않아도 꽤나 그럴듯한 결론에 도달할 수 있다. 그러나 때로
는 앞에서 보았던 예처럼 오류를 범할 수도 있다. 이 장 5절에서
소개할 기저율 무시(base-rate neglect) 현상도 일종의 전형성 효과
라고 할 수 있다.

----

5) 연산법(algorithm)은 모든 가능한 경우를 고려하여 답을 찾는 방법이다. 옳은
   답을 찾아낼 수는 있지만 가능한 모든 경우를 다 고려해야 하기 때문에 처리
   부담이 크고 시간이 많이 걸린다. 과제에 따라서는 슈퍼컴퓨터를 동원하여
   평생 동안 따져 보아도 해결할 수 없는 경우도 있다. 반면에 발견법(heuristic,
   연구자에 따라서 어림법, 추단법, 간편법, 휴리스틱 등으로 부르기도 한다)은
   모든 경우를 고려하는 것이 아니라 상대적으로 가능성이 높아 보이는 일부만
   을 고려하여 답을 찾는 방법으로, 처리 부담과 시간 제약의 문제를 완화시켜
   주기는 하지만 반드시 최선의 답을 찾는다는 보장이 없다. 보다 자세한 내용
   은 이정모 외(2009) 『인지심리학』(3판), 제11장을 참고하기 바란다.

2. 본보기 효과

생각나기(reminding)는 우리 기억에서 보편적 현상이다. 아버지
는 아들을 생각나게 하며, 한 사건은 다른 사건을 생각나게 만든
다. 새로운 수학 문제를 푸는 것과 같은 인지기술을 획득할 때도
과거에 경험하였던 특정한 문제를 떠올리는 생각나기가 매우 중
요한 역할을 담당한다. 범주화에서도 마찬가지다. 새로운 사례를
특정 범주의 구성원으로 범주화할 때, 그 사례로 인해서 생각난 특
정한 본보기 정보를 사용하기 십상이다. 예컨대, 라디오에서 흘러
나오는 처음 듣는 피아노곡이 바흐의 칸타타를 생각나게 만든다
면, 그 곡을 바흐의 음악으로 간주하게 된다. 물론 그 범주화는 엉
뚱한 멜로디에 근거한 것이기에 틀린 것일 수도 있지만, 여기서는
범주화의 정확성이 중요한 것이 아니라 생각난 특정한 본보기가
범주화에 영향을 미친다는 사실이며, 이것이 바로 전형적인 본보
기 효과(exemplar effect)다.

본보기 생각나기는 범주의 사용에서 두 가지 효과를 나타낸다.

첫째, 범주의 학습에 작용할 수 있다. 예컨대, 새로운 유형의 동
물을 학습할 때, 과거에 경험하였던 다른 동물이 생각날 수 있다.
이러한 생각나기는 이 유형의 동물에 대해서 처음에 형성하는 심
적 표상에 영향을 미칠 수 있다.

둘째, 새로운 사례의 범주화에 영향을 미칠 수 있다. 예컨대, 친

구 책상 위의 연필꽂이가 유사성으로 인해 내가 사용하고 있는 머그잔을 생각나게 만들어 그 연필꽂이를 자동적으로 머그잔으로 잘못 범주화할 수 있다.

1) 범주학습에서 본보기 효과

범주학습의 초기 단계에서는 소수의 본보기가 알고 있는 것의 전부다. 만일 동물원에서 누군가 한 동물을 가리키면서 "이게 다람쥐원숭이야."라고 말하는데, 한 번도 본 적도 없고 들어본 적도 없다면, 다람쥐원숭이에 대한 표상은 그 단일 사례에 의존하는 수밖에 없다. 두세 마리를 더 경험한다면 다람쥐원숭이 일반에 대한 생각을 갖게 될 수도 있지만, 그래도 경험한 녀석들 각각을 잘 기억해 낼 수 있다. 다소 애매한 또 다른 동물을 관찰할 때 특정한 다람쥐원숭이가 생각난다면, 그들 간의 공통 속성에 주목하여 또 한 마리의 다람쥐원숭이로 범주화하기 십상이다.

재미있는 실험 하나를 소개해 보자.[6] 실험 참가자들에게 두 개의 사교 동아리 A와 B에 대해서 각각 2명의 회원이 어떤 특징을

---

6) 물론 저자에게만 재미있으며 독자들에게는 다소 지루할 수도 있겠지만, 심리학 연구를 이해한다는 측면에서 꼼꼼하게 읽어 보기를 권한다. 만일 이 내용을 어려움 없이 이해할 수 있다면, 심리학 연구의 논리, 나아가서 분석적 사고 능력이 우수하다는 징표일 수도 있겠다. 이 결과를 제1장에서 소개하였던 원형이나 본보기 견해로 어떻게 설명할 것인가는 또 다른 이론적 문제이고, 이 책의 범위를 벗어나는 것이기에 여기서는 자세하게 다루지 않는다. 관심 있는 독자라면 머피(Murphy, 2004) 제4장을 읽어 보기 바란다.

가지고 있는지 자세하게 알려 주었다. 예컨대, 동아리 A의 철수는 아이스크림을 좋아하고 못을 구입하였으며, 영수는 서부활극을 좋아하고 수영복을 구입하였다고 알려 주었다. 그리고 동아리 B의 두 회원은 전혀 다른 특징을 가지고 있는 것으로 알려 주었다. 그런 다음에 특정 회원을 생각나게 할 수 있는 또 다른 사람의 특징들을 제시하고, 그 사람이 어느 동아리의 회원일지를 판단하게 하였다. 첫 번째 조건에서는 "팥빙수를 좋아하고, 건축용 목재와 대형 수건을 구입하였다."를, 그리고 두 번째 조건에서는 "카우보이와 인디언을 좋아하고, 건축용 목재와 대형 수건을 구입하였다."를 제시하였다. 첫 번째 특징만 다르고 나머지 두 가지는 동일하다는 사실에 주목하기 바란다. 첫 번째 조건은 철수를 생각나게 할 가능성이 큰데(빙수와 아이스크림의 공통성으로 인해서), 철수는 못을 구입하고, 이 사람은 건축용 목재를 구입하였다는 사실로 인해서 동아리 A 회원들은 BIY(Build It Yourself)[7]를 좋아하는 것처럼 보이게 된다. 반면에 두 번째 조건은 영수를 생각나게 할 가능성이 크며(서부활극과 카우보이 및 인디언 간의 공통성으로 인해서), 이러한 생각나기는 영수가 수영복을 구입하고 이 사람은 대형 수건을 구입하였다는 사실에 주목하여 동아리 A 회원들이 바닷가 물놀이를 즐기는 것으로 보이게 할 수 있다.

이제 새로운 물건, 예컨대 '망치'와 '선글라스'를 제시하고 동아

----

7) 재료를 구입하여 자기가 직접 가구 등을 만드는 것이다.

리 A 회원들이 어느 물건을 더 선호할 것인지를 평가하도록 하였다. 결과를 보면, '팥빙수'를 보았던 실험 참가자들은 망치를 선택하는 반면, '카우보이와 인디언'을 보았던 참가자들은 선글라스를 더 많이 선택하였다. 두 조건에서 '팥빙수/카우보이와 인디언'을 제외하고 다른 두 특징은 동일하였기 때문에 이 결과는 놀랄 만한 것이다. 하나의 특징을 조작하여 특정한 본보기(회원)를 생각나게 하였더니 그 범주(동아리)에 대해서 전혀 다른 일반화를 하였던 것이다. 다시 말해서, 하나의 본보기가 다른 본보기를 생각나게 만들면, 둘 간의 또 다른 공통 특징에 주의를 기울여서는 그 공통 특징이 범주 전체의 특성이 된다고 생각하게 될 수도 있는 것이다 (Ross, Perkins, & Tenpenny, 1990).

2) 범주화에서 본보기 효과

생각나기에 따르면, 새로운 사례가 무엇인지를 결정할 때(즉, 범주화할 때) 이미 알고 있는 본보기를 기억에서 활성화시켜 그 본보기에 의존하게 된다. 이 과정은 일종의 유추와 같은 것이다. 예컨대, 어떤 사물이 무엇인지 확신할 수 없지만 이것과 비슷하게 생긴 펜을 가지고 있다면, 이것도 펜이고 종이에 쓰면 잉크가 나오며 아마도 검은색 잉크일 것이라고 추론할 수 있다. 이 경우에 단지 하나의 펜만이 활성화되는 것은 아니다. 기억하고 있는 많은 본보기가 활성화될 수 있으며, 범주화는 새로운 사례와 활성화된 본보기들 간의 유사성의 총합에 의해서 결정된다. 그렇지만 매우 유사한 한

두 개의 본보기가 범주화를 결정한다고 해도 과언이 아니다.[8] 심지어 피부과 전공의들이 실제 피부 질환 사진에 근거하여 질병을 진단(즉, 범주화)할 때도 새로운 사진이 전에 보았던 특정 피부 질환 사진과 얼마나 유사한가에 따라서 진단 결과가 달라지는 경향이 있었다(Brooks, Norman, & Allen, 1991). 물론 실제 진단을 할 때는 의사들이 피부 상태뿐만 아니라 다른 다양한 정보도 참조하기 때문에 이러한 오진 가능성이 거의 없으니 걱정하지 않아도 된다.

3. 지식 효과

전통적으로 개념에 관한 실험 연구는 가능한 한 세상 지식과 분리된 자료를 사용해 왔다. 예컨대, 기하도형, 문자나 숫자의 배열, 색깔, 점 패턴, 도식적 얼굴 등이다. 얼굴이나 도형 등은 친숙한 요소를 가지고 있기도 하지만, 실험 참가자의 세상 지식은 실험자가 어떤 개념을 제시하는 것인지를 예측하는 데 도움이 되지 못한다.

---

8) 생각나기는 오직 하나의 본보기만을 활성화시키는 것은 아니며, 둘 이상의 많은 본보기를 활성화시킬 수도 있다. 이 경우 범주화는 활성화된 모든 본보기와 새로운 사물 간의 유사성의 합에 의해서 결정된다. 원형 견해에서는 유사성이 가산적으로 결정되는 반면, 본보기 견해에서는 곱셈적으로 결정된다고 제1장에서 간략하게 논의하였던 내용을 기억하고 있는지 모르겠다. 본보기 견해에 따르면, 아무리 많은 본보기들이 생각난다고 하더라도 곱셈 규칙에 의해서 전체 유사성은 매우 유사한 한두 개의 본보기에 의해 결정된다. 보다 자세한 내용은 신현정(2002)을 참조하기 바란다.

도형에 관한 지식을 가지고 있다고 하더라도 학습해야 할 개념이 빨갛고 큰 삼각형인지에 대해서 아무것도 알려 주는 것이 없다. 이러한 개념을 사용하는 이유는 명백하다. 범주의 획득 기제를 밝히기 위해서는 실험 참가자가 이미 알고 있지 않은 범주를 사용할 수밖에 없다. 그리고 단순하면서도 의미가 없는 자극을 사용함으로써 많은 영역에 적용할 수 있는 보편 원리를 밝혀낼 수 있기 때문이다. 만일 동물 유형을 자극으로 사용한다면, 다른 영역, 예컨대 식물이나 가구에 어떻게 일반화시킬 수 있는지를 확신하기 어렵다는 것이다.

그러나 이러한 논리가 항상 타당한 것은 아니다. 단순하고 추상적인 자극의 결과가 반드시 우리가 실제로 가지고 있는 자연 범주에 적용될 수 있는 것은 아니다. 친숙한 영역의 실제 개념에 적용되는 학습 과정은 단순하고 인위적인 상황에서의 학습 과정과 동일한 것이 아닐 가능성도 존재한다. 실제로 우리가 새로운 개념을 획득하거나 구성하거나 아니면 범주화할 때 세상 지식이 상당한 영향을 미친다는 많은 증거가 누적되어 왔다. 이 절에서는 이러한 지식 효과(knowledge effect)를 간략하게 소개한다.

여기서 지식이란 과학 이론과 같이 엄격한 것이 아니다. 불완전하거나, 심지어는 참이 아닌 것일 수도 있지만, 세상에 관한 많은 일반화를 가능하게 만들어 주는 일반인들의 앎을 말하는 것이다. 예컨대, 새가 날아다닐 수 있는 공기역학의 원리를 제대로 이해하지 못하더라도, 우리는 날아다니는 대부분의 동물은 날개를 가지고 있고, 날개를 가지고 있는 대부분의 동물은 날아다닌다는 사실을 알고 있다. 예외도 이해한다. 타조가 날개를 가지고 있지만 날 수 없는 이유는 크기에 비해서 너무 작은 날개를 가지고 있기 때문이라고 설명한다. 물론 이러한 설명은 과학적 설명에 비해서 지극히 피상적이기는 하다.

1) 범주 획득에서의 지식 효과

다음과 같은 속성들을 가지고 있는 사례들을 통해서 두 범주를 학습한다고 가정해 보자. 첫 번째 범주의 사례들이 공통적으로 가지고 있는 속성들은 '물에서 산다.' '물고기를 먹는다.' '새끼를 많이 낳는다.' '크기가 작다.' 이다. 두 번째 범주의 사례들의 공통 속성은 '물에서 산다.' '곡물을 먹는다.' '벌레를 잘 잡는다.' '주둥이가 뭉툭하다.' 이다. 어느 범주의 학습이 용이하겠는가? 직관적으로 볼 때도 첫 번째 범주의 학습이 용이할 것으로 보이며, 실제로도 그렇다(Murphy & Wisniewski, 1989). 그 이유는 무엇인가? 전자는 사람들의 배경지식과 잘 들어맞는 반면에, 후자는 그렇지 않기 때문이다.

배경지식과 잘 들어맞는다는 말은 무슨 뜻인가? 앞의 두 범주에서 개별적으로는 모두 의미가 통하는 속성들을 사용하였기 때문에, 속성의 의미 여부가 영향을 준 것은 아니다. 중요한 것은 그 속성들이 범주에서 어떤 관계를 가지고 있느냐는 점이다. 전자의 속성들은 상당히 일관성 있고 응집적인 집합을 형성하는 반면, 후자의 속성들은 전혀 그렇지가 않다. 수생동물에 관한 배경지식이 전 자의 속성들을 응집적인 것으로 만들어 주는 것이다.

새롭게 획득하는 범주의 속성들이 모두 배경지식과 관련되는 것 은 아니다. 듣지도 보지도 못하였던 어떤 포유동물을 동물원에서 처음으로 경험한다고 할 때, '네 발이 있다.' '털이 있다.' '새끼 를 낳는다.' 등은 배경지식으로 추론할 수 있지만, '털의 색이 회 색이다.' '코가 넓적하다.' 등은 직접 경험을 통해서 획득해야만 하는 속성들이다. 따라서 일부분의 속성은 배경지식과 일치하고 나머지는 일치하지 않거나 관계가 없는 상황에서도 지식 효과가 나타난다는 사실은 이 효과의 보편성을 반영하는 것이다.

우리의 지식이 완벽하지 않으며 때로는 잘못된 것일 수도 있다. 그렇다면 엉터리 지식이 개념 학습에 방해를 주지는 않을까? 지금 까지의 연구 결과는 놀랍게도 잘못된 지식이 학습을 증진시키지 는 않지만 적어도 방해를 주지는 않는다는 것이다(Kaplan & Murphy, 2000). 아마도 지식이 상호 모순적이거나 우리를 오도하 는 경우에는 그 사실을 재빠르게 간파하고는 무시하는 것으로 보 인다. 다소 억지를 부리자면 이것조차도 지식 효과라고 할 수 있 겠다.

요컨대, 배경지식이 범주 구조와 일관성 있게 관련될 때 학습에 도움을 준다. 배경지식이 없는 상황에서는 범주 구조가 복잡할수 록 학습이 어렵지만, 배경지식이 존재하는 상황에서는 범주 구조 의 복잡성이 아니라 배경지식과의 합치성이 학습의 용이성을 결정하게 된다. 이 사실은 실험 참가자에게 범주 구성(category construction) 과제를 실시할 때 명백하게 드러난다. 우리는 일상의 삶에서 대부분의 경우 사례 경험을 통해서 범주를 스스로 구성하는 것이지 누군가에게서 배우는 것이 아니다. 실험 참가자에게 일련의 자극들을 제시하고 의미를 잘 부여할 수 있는 둘 이상의 집단으로 분할하도록 요청하면, 놀랍게도 단 하나의 차원에 근거해서 집단을 분할하기 십상이다. 예컨대, 자극들이 무엇이든지 간에 색깔에만 근거하거나 크기에만 근거하여 분할하는 경우가 대부분이다. 제1장에서 보았던 바와 같이, 가구나 꽃과 같은 실세계 범주들이 친족 유사성 구조를 가지고 있다는 사실을 전제로 할 때, 이 결과는 곤혹스러운 것이다. 어떻게 꽃을 색깔에 의해서만 분류할 수 있단 말인가! 이 경우에도 사람들이 속성을 연계시킬 수 있는 지식을 조금이라도 가지고 있으며 그 지식을 활성화시킬 수 있는 조건이 마련되면, 친족 유사성을 갖는 범주들로 자극을 분할한다는 사실을 발견했다.

2) 범주화에서 지식 효과

지식은 범주를 획득하는 과정에서만 역할을 하는 것은 아니다. 새로운 사례를 이미 알고 있는 범주로 범주화할 때에도 지식이 작동한다. 제1장에서 예로 들었던 것처럼, 만일 당신이 가든파티에서 어떤 사람이 갑자기 수영장에 뛰어드는 장면을 목격하였다면, 십중팔구 술에 취해서 그랬을 것이라고 생각할 것이다. '술 취함'

개념에 '수영장 뛰어들기'라는 속성이 있기 때문이 아니라, 그를 술 취한 사람으로 범주화함으로써 그 사건을 설명할 수 있기 때문이다. 의사가 복합 증상을 보이는 환자를 진단할 때도 마찬가지다(환자를 진단하는 것도 일종의 범주화 과정이다). 환자가 단일 질병으로 진단하기 어려운 복합 증상을 보이는 경우, 둘 이상의 질병이 동시 발생한 합병증으로 설명(진단)할 수 있다(예컨대, 비타민 E 결핍증과 비전형적인 간염의 합병증). 의사는 이러한 질병이 환자의 증상과 검사 결과를 설명할 수 있다는 추론 과정을 통해 그렇게 진단하는 것이다. 즉, 범주화는 항상 속성 대응이라는 단순한 과정을 통해서 이루어지는 것이 아니다. 많은 경우에 배경지식이 범주화에 적극적으로 관여하고 있다.

다음과 같은 상황을 생각해 보자. 새같이 생긴 동물이 있는데, 유독물질이 매립된 환경에 둥지를 틀었다. 그 유독물질로 인해서 불행하게도 깃털이 다 빠지고, 투명하고 연약한 날개를 갖게 되었다. 피부에는 각질이 생기고 새로운 다리가 여럿 생겼다. 변태를 거듭한 끝에 종국에는 벌레와 같은 모습이 되고 말았다. 이제 이 동물은 새인가 아니면 벌레인가? 그리고 새와 벌레 중에서 어느 것과 더 유사한가? 여러분이라면 어떻게 답하겠는가? 실험 참가자들에게 이러한 과제를 주었을 때, 그 동물이 벌레와 더 유사하지만 여전히 새일 가능성이 더 많다고 답하였다. 즉, 외모와 신체 부위의 변화보다는 생래적인 생물학적 속성이 그 동물의 정체성을 결정한다고 주장하였다(Rips, 1989). 학령전 아동의 경우에는 벌레로

변하였다고 답하는 비율이 높았지만, 그렇다고 해서 결코 동물이
식물이나 무생물로 변형되었다고 믿는 아동은 없었다(Keil, 1989).

[그림 2-1]의 A를 보자. 실험 참가자들에게 이 그림들을 보여 주
면서 어떤 원시부족이 사용하는 물건이라고 알려 주었다. 한 집단
에게는 이것이 사냥도구인데, 올가미(①)를 동물의 목에 걸고 로프
(④)를 잡아당겨 목을 조이게 되며, 손잡이(③)와 보호대(②)를 장
착하고 있다고 알려 주었다. 다른 집단에게는 이것이 비료를 뿌리
는 도구인데, 액체비료를 통(②)에 넣고 손잡이(③)를 돌리면 비료
가 파이프(④)를 통해서 흘러나오며, 창고에 저장할 때 벽에 걸어
두기 위한 고리(①)가 달려 있다고 알려 주었다. 두 집단은 동일한
도구에 대해서 전혀 다른 배경지식을 갖게 되었다.

이제 두 집단에게 원래의 도구에서 어떤 부분이 빠진 모습을 제
시하고 그것이 사냥도구(또는 비료도구)인지의 여부를 판단하게 하

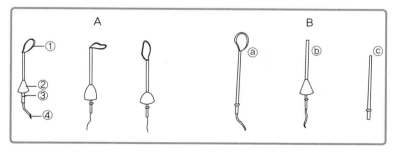

[그림 2-1] 린과 머피(Lyn & Murphy, 1997)가 사용한 그림　우선 A를 보여 주고
한 집단에게는 사냥도구, 다른 집단에게는 비료도구라고 알려 주면서, 각 부분의
기능을 설명해 주었다. 배경지식을 알려 준 후에 B의 그림들을 보여 주면서 사냥
도구(또는 비료도구)의 사례인지를 판단하게 하였다. 자세한 내용은 본문 참조.

였다. [그림 2-1]의 B에서 보는 바와 같이, 사례 ⓐ는 속성 ②, 사례 ⓑ는 속성 ① 그리고 사례 ⓒ는 속성 ①, ②, ④가 생략되었다. 사냥집단에서는 속성 ①이 ②보다 상대적으로 더 중요한 반면(올가미가 없다면 사냥도구가 될 수 없지만, 보호대는 없어도 사용할 수 있다), 비료집단에서는 반대로 속성 ②가 ①보다 더 중요하다(비료통이 없다면 비료를 줄 수 없지만, 걸이는 없어도 무방하다). 실험 참가자들이 어느 것을 사냥도구(또는 비료도구)라고 부를 것인지는 앞서 제공한 배경지식에 달려 있다. 사냥집단은 속성 ②가 없는 사례 ⓐ는 사냥도구로 범주화하고 속성 ①이 없는 사례 ⓑ는 그렇지 않았다. 반면에 비료집단은 사례 ⓑ를 비료도구로 범주화하고 사례 ⓐ는 그렇지 않았다. 속성들을 의식 수준에서 따져 볼 수 없도록 사례들을 빠르게 제시하면서 가능한 한 신속하게 반응하도록 요구하였을 때에도 동일한 지식 효과가 나타났다(Lyn & Murphy, 1997; Palmeri & Blalock, 2000).

그렇다면 범주화에서 지식은 언제 작동하는가? 두 가지 가능성이 있다. 첫째, 개념을 학습하는 과정에서 배경지식이 주어질 때, 표상하는 개념의 내용에 영향을 미칠 수 있다. 예컨대, 앞의 실험 예에서([그림 2-1] 참조) 도구 개념을 학습할 때, 실험 참가자들은 도구의 기능에서 결정적인 속성에 더 많은 주의를 기울일 수 있다. 둘째, 개념을 학습한 후에 범주화 판단을 하는 과정에서 배경지식을 활성화하여 사용할 수 있다. 예컨대, [그림 2-1]의 B에서 사례 ⓑ는 "올가미가 없으면 동물을 잡을 수 없기 때문에 사냥도구일 수 없다."라고 생각할 수 있다. 만일 그렇다면, 개념 표상이 영향을 받았다기보다는 배경지식 자체를 범주화에서 사용한 것이라고 할 수 있다. 물론 지식은 두 가지 방식 모두에서 작동할 수 있다. 아직 충분한 연구 결과가 누적된 것은 아니지만, 범주화 결정이 어렵고 지각 정보가 충분하지 않을 때, 배경지식을 더 많이 사용할 것이라고 예측할 수 있다. 특히 개념을 학습하는 과정에 배경지식이 영향을 미칠 때, 개념 표상에 포함된 지식을 새로운 사례의 범주화에 사용할 것은 명약관화한 사실이다. 따라서 범주화 과정은 배경지식의 영향을 받을 수밖에 없다.

다음과 같은 범주들을 생각해 보자. '배낭여행을 할 때 가져가야 할 물건' '집에 불이 났을 때 우선적으로 가지고 나와야 할 것' '새로운 친구를 사귀는 방법' '부산 조폭에게 살해당하지 않는 방법' 등. 이러한 범주들은 특정한 상황에서 특정한 목적을 달성하기 위해서 필요한 특정한 대상이나 사건들의 집합이며, '목적적 범주(ad hoc category)'라고 부른다. 다음의 방법들 중에서 마지막 범주, 즉 '부산 조폭에게 살해당하지 않는 방법'의 좋은(전형적인) 사례는 어느 것이라고 생각하는가?

① 유럽의 한적한 산골로 도피한다.
② 시민단체에 기부금을 낸다.
③ 한 달에 한 번만 목욕을 한다.
④ 부산에서 다른 동네로 이사를 하고, 주소 변경을 하지 않는다.
⑤ 신분을 감추고 타인으로 살아간다.

아마도 ①과 ⑤가 이 범주의 좋은 사례이며, ④는 가능하겠지만 그다지 좋은 방안은 아니라고 생각할 것이다. 중요한 사실은 우리가 평소에 이러한 생각을 전혀 하지 않았다고 하더라도 상당히 신뢰롭게 이러한 판단을 할 수 있다는 사실이다. 대부분의 경우 목적적 범주를 의도적으로 학습한 적이 없다. 그럼에도 불구하고 이러한 범주화 과제가 주어지면 새로운 사례가 그 범주의 의미, 즉 목적에 부합하는지의 여부를 추론하여 구성원 여부와 전형성 정도를 판단할 수 있는 것이다.

요컨대, 사람들은 자신의 배경지식과 일치하는 사례들을 특정 범주로 범주화하며, 때로는 지각 정보와 지식이 일치하지 않을 때 지각 정보를 무시하기도 한다.

3) 개념 속성에서의 지식 효과

지금까지 정의적 속성이든 아니면 특징적 속성이든지 간에, 개념은 특정한 속성을 가지고 있다고 암묵적으로 가정해 왔다. 예컨대, 개는 '털이 있고, 꼬리가 있으며, 다리가 네 개이고, 새끼를 낳는다…….' 등이다. 그렇다면 개가 가지고 있는 무한한 수의 특징 중에서 어떤 것이 개 개념의 속성이 되는 것인가? 직관적으로는 이것이 아무 문제가 없는 것처럼 보일 수 있다고 하더라도, 이것 또한 만만한 문제가 아니다. 개의 '다리가 네 개' 인 것이 속성이라면, '다리가 다섯 개보다 적다.' 거나 '꼬리에도 털이 있다.' 와 같은 것은 어째서 속성이 아닌 것인가? 길가에서 어슬렁거리는 개를 보면서, '어슬렁거린다'는 왜 속성이 아닌가?

불행하게도 개념을 획득할 때 어떤 속성을 부호화하는 것인지, 그 속성을 어떻게 결정하는 것인지에 대해서 명확하게 답할 수 있는 것이 별로 없다. 사과와 휴대전화는 얼마나 유사한가? 별로 유사하지 않다고 생각할 것이다. 그렇지만 만일 공유하는 속성이 많을수록 유사한 것이고 어떤 특성이든지 사과나 휴대전화의 속성이 될 수 있다면, 둘은 거의 완벽하게 유사할 수도 있다. 둘 다 '1그램보다 무겁다.' '2그램보다 무겁다.' …… '10킬로그램보다 가볍다.' '11킬로그램보다 가볍다.' 등 무한한 특징을 공유하고 있지 않은가(Goodman, 1965)!

현재 내세울 수 있는 다소 순환론적인 주장은 속성을 부분적으로는 개념 구조와의 관계에 근거해서 정의할 수 있다는 것이다. 방사선과 의사가 아닌 일반인이 흉부 X선 사진을 들여다본다고 가정해 보자. 수많은 반점과 밝고 어두운 부분 중에서 어느 것이 중요한 것이고 어느 것이 무시해야 하는 것인지를 어떻게 알겠는가? 이 경우 개념 학습, 즉 병의 진단을 학습한다는 것은 단지 어느 특징이 어떤 질병을 나타내는 것인지를 학습하기에 앞서 어떤 패턴이 속성이고 어떤 패턴이 무시해야 할 것인지를 학습하는 것이다. 여러 폐암 환자와 폐결핵 환자의 X선 사진을 들여다보면서 두 유형의 환자를 구분해 주는 특성들을 찾아내야 하며, 그 특성들이 속성으로 자리 잡게 된다. 사람들은 속성이 명백한 것이고 개념을 학습하는 사람의 유일한 과제는 어느 속성이 어느 개념과 연합된 것인지를 찾아내는 것이라고 생각하는 경향이 있다. 그러나 많은 경우에 속성은 개념 학습의 초기 단계에서 전혀 가용하지 않기 때문에 학습의 일차적 목표는 속성 자체를 찾아내거나 만들어 내는 것이 되기도 한다.

흥미를 끄는 연구 하나를 보도록 하자. 어린 아동들이 그린 인물 그림을 임의로 두 유목으로 나누어 두 집단의 실험 참가자들에게 보여 주면서 두 유목을 구분하는 속성을 찾도록 요구하였다. 한 집단(배경지식 집단)에게는 창의적인 아동과 그렇지 않은 아동들이 그린 그림들이라고 알려 주었고, 다른 집단(배경지식이 없는 비교집단)에게는 그저 서로 다른 집단의 아동들이 그린 그림들이라고 알려 주었다. 비교집단 참가자들이 제시한 속성들은 절반가량이 그림에서 쉽게 찾아볼 수 있는 단순하고 구체적인 것이었다(예컨대, '팔을 앞으로 뻗고 있으며, 똑바로 서 있다'). 반면에 배경지식 집단의 경우에는 단지 12%의 속성만이 단순하고 구체적인 것이었다. 대부분의 속성이 속성의 집단적 특성을 반영하는 추상적인 것이었으며(예컨대, '그림들이 긍정적 정서를 표현하고 있다'), 추상적 성분과 구체적 성분을 모두 포함하는 위계적 속성을 제시하는 경우가 많았다(예컨대, '그림들이 보다 많은 세부 사항을 표현하고 있으며, 허리띠나 주머니, 옷에 무늬 같은 것이 들어 있다')(Wisniewski & Medin, 1994). 즉, 활성화된 배경지식이 속성에 대하여 어떤 기대를 야기한 것이다.

실험 참가자들에게 그림을 하나씩 보여 주면서 창의적인 아동의

것인지 아니면 평범한 아동의 것인지를 판단하게 하고 그 이유를
제시하도록 요구하였을 때에도 흥미를 끄는 결과들이 나타났다.
예컨대, 완벽한 대칭과 비율을 유지하는 인물 그림이기 때문에 창
의적 아동의 것이라고 설명하는 참가자에게 평범한 아동의 것이
라고 알려 주었더니, 곧바로 "완벽한 대칭과 비율은 창의성이 결
여된 것이야."라고 말을 바꾸었다. 상세하게 묘사하고 있는 그림
이기 때문에 창의적 아동의 것이라는 설명이 틀렸다고 알려 주자,
"창의적 아동의 그림은 더 상세할 것이야."라고 말하기도 하였다.
동일한 속성에 대한 설명도 틀렸다는 피드백에 따라서 재해석되
기도 하는 것이다.

　이러한 결과는 사람들이 자극 자체에서 명백하게 볼 수 있는 이
미 설정된 속성들을 가지고 범주화하는 것이 아니라는 사실을 시
사한다. 배경지식에 따라서 상이한 속성에 주의를 기울이며, 어느
것을 속성으로 간주할 것인지도 가변적이다. 사례를 어떤 속성들
로 분석할 것인지는 사례 자체가 가지고 있는 특성, 배경지식 그리
고 학습한 개념에 달려 있다. 우리는 사례들을 백지와 같은 상태에
서 바라보지 않는다. 그 속성들에 관한 상당히 강력한 기대를 가지
고 있기 마련이다. 그렇지만 그 기대는 가변적이며, 범주 사례의
경험에 따라서 변할 수 있다.

　개념 획득에 관한 많은 연구는 속성이 어디에서 유래하는 것인
지에 대해서 관심을 기울이지 않았다. 지각적으로 명백한 속성들
을 가지고 있는 지극히 단순한 자극들을 사용함으로써 이 물음을

회피해 왔다고 할 수 있다. 그렇지만 실제 삶에 있어서는 개념 자체에 덧붙여 사례들의 속성도 학습해야 하는 경우가 많다. 모국어를 사용하는 경우조차도 무슨 뜻인지 정확하게 알지 못하면서 앞뒤 맥락에 근거하여 엉뚱한 의미로 해석하고 넘어가는 경우가 많다. 예컨대, "그는 여기저기 널려 있는 사금파리에 시나브로 관심을 쏟기 시작하였다."라는 문장은 무슨 뜻인가? 사금파리는 사금과 같은 색깔을 가진 신종 파리인가? 누군가 그런 이름을 붙이려는 무모한 시도를 한다면, 그럴 수도 있겠다. 시나브로 관심이란 무슨 뜻인가? 대단한 관심인가? 엉뚱한 관심인가? 모든 독자가 저자의 건방진 비유를 비웃고 있기를 기대한다.

4. 개념 위계에서 기본 수준

세상이 온통 빨간색으로 뒤덮여 있다면, 우리는 어떤 경험을 할까?[9] 빨강 경험에 의해서 항상 흥분하거나 정열적인 감정을 가질

---

9) 엄밀한 의미에서 색깔은 이 세상에 존재하는 것이 아니다. 우리 마음(혹은 두뇌)에만 존재하는 심리적 현상이다. 물리적 우주에는 다양한 파장의 전자기파들만이 존재하며, 그중에서 우리의 망막에 존재하는 광수용기(원추체와 간상체)가 반응을 보일 수 있는 특정 파장 영역대의 전자기파를 가시광선(대략 350~750nm)이라고 부른다. 가시광선 내에서 짧은 파장은 보라나 파랑을, 중간 파장은 녹색을, 그리고 긴 파장은 빨강을 경험하게 만든다. 자외선이나 적외선은 가시광선 영역을 넘어서는 전자기파다. 어떤 대상이 햇빛 아래서 빨갛게 보인다는 것은 그 대상이 다른 파장의 가시광선은 모두 흡수하고 긴

까? 전혀 그렇지 않다. 이 세상에 오직 장파장의 가시광선만이 존재한다면, 우리는 색깔을 전혀 경험하지 못하게 된다. 다른 색깔이 존재함으로써 빨강 경험이 가능하고 의미를 갖는 것이다. 개념도 마찬가지다. 개념이 우리 앎의 기본 토대라고 해서 나홀로 존재하는 것은 아니다. 다른 개념들과 형성하고 있는 복잡한 관계에서 그 의미를 갖는다. 예컨대, '개' 개념과 관련된 다른 개념들을 생각해 보라. 헤아릴 수도 없이 많은 다른 개념들이 관계를 맺고 있다. 개념들 간의 관계를 밝히는 것은 우리의 지식 체계를 이해하기 위한 일차적 과제라고 할 수 있다.

우리가 일상적으로 접하는 많은 사물과 사건이 단 하나의 범주에만 속하는 것은 아니다. 옆집의 진돌이는 진돗개이고 개이며 포유동물이고 동물이며 생물이기도 하다. 때에 따라서는 '애완동물이나 반려동물' '친구' '집 지킴이' '화풀이 대상' '사냥 동반자' 등으로 부를 수도 있다. 사람도 마찬가지다. 동일인이 성별, 인종, 직업, 사회적 역할 등에 따라서 서로 다른 범주의 구성원이 될 수 있다. 어느 범주가 그 사람을 가장 잘 대표하느냐는 맥락에 따라 달라진다. 어떤 경우에는 한 사물이나 사건이 동시에 둘 이상의 범주에 속할 수 있으며(예컨대, 진돌이는 개인 동시에 포유동물이다), 다른 경우에는 조망의 전환을 요한다(예컨대, 진돌이는 개이지만 친구

파장만을 반사하기 때문이다. ET와 같은 외계인에게는 우리에게 빨갛게 보이는 것이 전혀 다른 색으로 보일 수도 있다. 아무튼 어떤 대상이 빨갛다거나 파랗다고 말하는 것은 의사소통의 편의에 의해서 그렇게 하는 것이다.

이기도 하다). 어느 경우든 거의 모든 대상은 수많은 범주의 구성원
이 될 수 있다. 그렇다면 이러한 범주는 우리의 지식 체계 속에서
어떤 관계를 형성하고 있으며, 우리는 맥락에 따라서 어떻게 특정
범주를 선택하는 것인가? 맥락과 관계없이 특정 대상을 생각할 때
선호하는 범주가 존재하는가?

  개념들 간의 관계를 밝히는 것은 우리의 지식 체계를 이해하는
데 있어서 필수적인 작업이다. 그렇기는 하지만 여기서는 개념의
위계적 관계에만 초점을 맞춘다. 위계적 관계는 개념들을 체제화
하는 매우 중요한 방법 중의 하나이며, 개념 위계에는 심리적으로
특별히 중요한 특성을 보이는 수준이 존재한다는 사실을 알아냈기
때문이다. 개념 위계에서 상위 수준의 개념은 하위 수준의 개념을
포괄한다. 예컨대, '동물'은 '포유동물'을 포함하며, '포유동물'은
'개'를, '개'는 '진돗개'를, '진돗개'는 다시 '옆집 진돌이'를 포함
하고 있다. 그럼에도 불구하고 사람들은 특수한 상황이나 맥락이
아니라면, 다른 이름보다는 '개'를 선호하는 경향을 보인다. 아마
도 다른 어떤 수준보다도 이 수준을 선호하게 만드는 특성이 있는
것으로 보이는데, 많은 연구는 바로 이 수준이 심리적으로 기본 수
준(basic level)임을 확인하고 있다. 여기에서는 우선 개념의 위계를
살펴보고, 기본 수준의 특징을 논의한다.

1) 개념의 위계적 구조

  [그림 2-2]는 개념 위계의 한 예를 보여 준다. 그림에서 위쪽에

있는 것은 상대적으로 상위 수준 개념이며, 아래쪽에 있는 것은 하위 수준 개념이다. 개념 위계는 깊이에서 다를 수 있다. 즉, 어떤 개념 관계는 다른 관계보다 많은 수준을 포함할 수도 있다.

개념의 위계는 [그림 2-2]처럼 일종의 망체계로 나타내는 것이 이해에 도움을 준다. 망체계는 개념을 나타내는 마디와 개념 간의 관계를 나타내는 연결 링크들을 가지고 있다. 그렇기는 하지만 집합이라는 의미에서 개념들 간의 포함관계만을 나타내는 특수한 위계적 망체계다. 흔히 포함관계는 '이다(IS-A)' 관계로 표현한다. '이다' 관계는 두 가지 특징을 가지고 있다. 첫째, 비대칭성이다. 모든 개는 포유류지만, 모든 포유류가 개는 아니다. 둘째, 이행성이다. 모든 진돗개는 개이고, 모든 개는 포유류이며, 모든 포유류는 동물이다. 따라서 모든 진돗개는 포유류이며 동물이기도 하다.

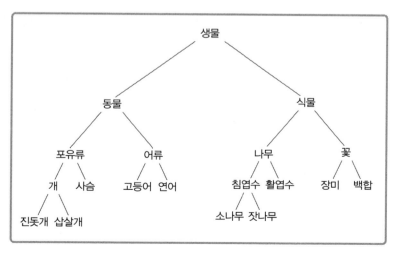

[그림 2-2] 개념의 위계적 구조의 예

이행성은 개념들 간의 관계뿐만 아니라, 속성들 간의 관계에도 적용된다. 한 개념에 참인 속성들은 그 개념에 포함된 하위 개념에서도 모두 참이다.

위계 구조의 이러한 특징은 개념의 일반화에서 힘을 발휘한다. 만일 동물 일반에 대해서 무엇인가를 새롭게 학습한다면, 그 정보를 '동물' 개념에 포함된 모든 하위 개념에 일반화시킬 수 있다. '스파니엘'이 개의 일종이라는 사실을 새롭게 학습한다면, 개에 대해서 알고 있는 모든 정보를 '스파니엘'에 적용할 수 있다. 요컨대, 하나의 개념을 위계에 새롭게 배치시키게 되면, 일반화 과정을 통해 그 개념에 대해서 상당히 많은 정보를 자연스럽게 획득하며 추론할 수 있게 되는 것이다.

개념의 위계적 관계는 모든 문화권에서 자연 개념들을 표상하는 보편적인 방식인 것으로 보인다(Berlin, 1992). 그런데 개념 위계는 두 가지 방식으로 생각할 수 있다. 한 가지는 [그림 2-2]와 같이, 개념들이 이미 위계적 망체계로 표상되어 있으며, 범주화와 귀납적 추론은 연결 링크를 통해 이루어진다고 보는 것이다. 예컨대, 진돗개가 동물인지를 결정하려면, 우선 망체계에서 진돗개 마디를 확인하고, 위계상에서 동물을 찾을 때까지 위로 거슬러 올라가는 것이다. 동물이 확인되면, '이다' 연결 링크에 의해서 진돗개는 동물임이 확인된다. 또 다른 방식은 개념 위계가 명시적으로 표상되어 있는 것이 아니라 일종의 추론 과정을 통해 위계적 관계가 도출되는 것이다. 예컨대, 모든 a는 b이고, 모든 b는 c임을 알고 있다고 해 보자. 이제 모든 c가 큰 눈을 가졌다는 사실을 알게 되었다면, 포함관계에 근거하여 자연스럽게 모든 a와 b도 큰 눈을 가졌다고 추론해 낼 수 있는 것이다. 요컨대, 개념 위계는 지식 체계에 이미 저장되어 있을 수도 있으며, 추론될 수도 있다. 만일 이미 저장되어 있다면, [그림 2-2]에서처럼 '이다' 연결 링크가 작동한다. 기저장된 것이 아니라면 추론에 의해서 진위를 판단하게 된다.[10]

2) 범주화의 기본 수준

앞서 보았던 것처럼 하나의 대상은 개념 위계에서 매우 보편적인 개념(상위 수준 개념)에서 매우 특수한 개념(하위 수준 개념)에 이르기까지 여러 수준의 개념에 해당할 수 있다. 새로운 대상을 보편적인 개념의 사례로 범주화하는 것은 범주화의 정확성을 높여 주기는 하지만, 더 이상의 추론 가능성을 차단하는 문제가 있다. 반면에 특수한 개념의 사례로 범주화하는 것은 예언의 정확도를 떨

----

10) 역사적으로 볼 때, 1970년을 전후하여 개념 위계에 대한 두 가지 가능성 중에서 어느 것이 보다 타당성을 갖는지를 확인하려는 연구가 많이 수행되었으나, 그 결과는 확정적이지 않다. 오히려 많은 실험 결과를 설명하기 위해서 기억 구조와 처리 과정에 대한 가정들을 첨가하는 과정에서 두 가능성을 구분해 내는 것이 더욱 어렵게 되었다. 개념 위계가 심리적 실재를 반영하고 있느냐는 문제도 한때 인지심리학 분야에서 뜨거운 논쟁거리였다. 심리적 실재를 반영한다는 주장을 지지하는 연구 결과와 반론을 제기하는 연구 결과가 상존하고 있다. 보다 자세한 내용은 이 책의 범위를 넘어선다. 관심 있는 독자라면 신현정(2002), 머피(2004)를 참조하라.

어뜨리기는 하지만, 보다 많은 사실을 추론할 수 있게 해 주는 장점이 있다. 예컨대, 어떤 대상을 동물이라고 범주화하면, 살아 있다는 것 이외에 더 이상의 추론이 거의 불가능하다. 그렇지만 진돗개라고 범주화하면, 행동이나 외모 등 다양한 사실을 추론할 수 있다. 상위 수준 개념으로의 범주화는 처리 과정의 인지적 부담이 적기 때문에 인지 경제성(cognitive economy)에서 이점을 가지며, 하위 수준 개념으로의 범주화는 보다 많은 정보를 제공해 준다는 점에서 정보성(informativeness)에서 이점을 갖는다. 개념 위계에서 인지 경제성과 정보성이 만나 절충되는 중간 수준의 개념을 생각할 수 있는데, 일반적으로 사람들은 이 수준의 개념을 가장 자연스럽게 선호하는 경향이 있으며, 이 수준을 기본 수준이라고 부른다.

사람들은 일상적인 의사소통에서 기본 수준의 개념을 일관성 있게 선호한다. 예컨대, 부모는 아이에게 어떤 대상의 이름을 말해 줄 때, 가능한 한 짧고 사용 빈도가 높은 기본 수준의 단어를 사용한다. '진돗개'나 '동물'이라고 하기보다는 그냥 '개'라고 하든지 아니면 아기 말 식으로 '멍멍이'라고 말하는 것이다. 브라운(R. Brown, 1958)은 이 수준이 대상에게서 관찰해야 할 등가성과 차이성을 가장 잘 반영하는, 즉 일상적 유용성이 가장 높은 수준이라고 제안하였다.

인지심리학의 실험 패러다임을 이용하여 기본 수준의 문제에 접근한 것은 로슈(E. Rosch)와 그녀의 동료들이다. 로슈와 동료들 (1976)은 일련의 기념비적 연구들을 통하여 기본 수준에 대한 다음과 같은 몇 가지 수렴조작적 정의를 내리고 있다.

첫째, 기본 수준은 사례들이 상당한 수의 공통 속성을 공유하는 가장 포괄적인 수준이다. 실험 참가자들에게 상위 수준, 하위 수준 그리고 기본 수준의 개념들이 가지고 있는 속성들을 기술케 하면, 상위 수준 개념에 대해서는 아주 적은 수의 속성만을 기술하지만 기본 수준과 하위 수준 개념에 대해서는 상당한 수의 속성을 기술한다. 기본 수준과 하위 수준 간에 속성 수의 차이는 거의 없거나 있어도 극히 적은 수에 불과하다.

둘째, 기본 수준은 사람들이 그 사례들에 대해 나타내는 반응이 매우 유사한 수준이다. 실험 참가자들에게 상위 수준, 하위 수준 그리고 기본 수준에 해당하는 대상과 상호작용할 때 나타낼 수 있는 반응들을 기술하게 하면, 속성의 경우와 동일한 결과를 얻게 된다. 즉, 상위 수준에는 지극히 적은 수의 반응만을 기술하는 반면, 기본 수준과 하위 수준에는 상당히 많은 반응을 기술한다.

셋째, 기본 수준은 사례들의 지각적 유사성이 매우 높은 수준이다. 사례들의 표준화된 그림을 그려 중복시켜 보면, 기본 수준 개념의 사례들 간에, 그리고 하위 수준 개념의 사례들 간에는 중복되는 정도가 매우 큰 반면, 상위 수준 개념의 사례들 간에는 그렇지 못하다. 또한 중복된 그림들의 평균 모습을 만들어서 제시하면, 기본 수준과 하위 수준에서는 그 모습을 쉽게 재인할 수 있지만, 상위 수준에서는 거의 불가능하다.

넷째, 기본 수준은 심상을 그릴 수 있는 가장 높은 수준이다. 실험 참가자들에게 범주 이름을 먼저 주고, 짧은 시간 동안 제시한 사물 그림을 확인하도록 요구하면, 기본 수준과 하위 수준의 범주 이름은 그림 확인에 도움을 주지만, 상위 수준의 이름은 전혀 도움이 되지 않는다. 사물 그림을 제시하고 범주화하도록 하면, 상위 수준이나 하위 수준보다 기본 수준으로의 범주화가 빠르게 일어난다. 마찬가지로 사물 그림에 이름을 붙이는 경우에도 기본 수준 개념의 이름을 붙이는 경향성이 압도적으로 많다.

다섯째, 기본 수준은 아동들이 가장 먼저 획득하는 사물 이름이며, 사물들을 범주화할 때 가장 먼저 사용하는 수준이기도 하다. 다시 말해서 개념을 학습할 때 상위 수준이나 하위 수준보다 기본 수준을 우선적으로 학습한다.

사람들이 기본 수준을 선호하는 경향성은 어떻게 설명할 수 있는가? 사람들이 이 수준의 개념을 선호하기 때문에 기본 수준인가, 아니면 기본 수준 개념의 구조가 이 수준을 선호하게 만드는 것인가? 일반적으로 심리학자들은 후자의 입장에서 기본 수준 개념과 다른 수준의 개념 간의 구조적 차이를 밝힘으로써 이 문제를 해결하고자 하였다.

가장 대표적인 시도 중의 하나는 개념의 분화 기능에 근거한다. 기본 수준 개념은 정보성과 차별성이라는 측면에서 다른 수준의 개념에 비해 가장 잘 분화되어 있다는 것이다. 정보성이란 개념과 연합된 정보의 양을 지칭하는데, 기본 수준은 정보성이 높다. 어떤 대상이 기본 수준 개념의 사례임을 알게 되면, 그 대상에 대해 다른 많은 사실을 추론할 수 있다. 예컨대, '개'의 한 사례임을 알게 되면 짖고, 네 발이 달렸고, 털이 있으며, 집을 지키는 등의 사실을 추론하여 얻게 된다. 차별성이란 같은 위계 수준에 있는 다른 개념과의 구분 가능성을 지칭하는데, 기본 수준 개념은 같은 수준의 다른 개념과 차별성이 크다. 예컨대, '개'는 '고양이' '말' '돼지' 등과 확실히 구별된다.

하위 수준 개념도 정보성이 매우 높다. 오히려 기본 수준에 비해서 더 많은 정보성을 갖는다. 그렇지만 차별성에 있어서 기본 수준보다 훨씬 떨어진다. 예컨대, '진돗개'와 '풍산개'는 쉽게 구분되지 않으며, '오리'와 '기러기'도 쉽게 구분되지 않는다. 반면 상위 수준 개념은 차별성에서 기본 수준보다 우위에 있다. '가구'는 '연장'이나 '교통 수단'과 전혀 다르다. 그러나 상위 수준 개념은 정보성에서 문제점을 드러낸다. 상위 수준 개념의 사례들은 상호 간에 매우 다르기 때문에, 공통 속성을 찾기가 거의 불가능하다. 요컨대, 정보성과 차별성에서 모두 이점을 갖는 수준이 바로 기본 수준이라고 할 수 있다.

기본 수준의 정보성이 높다는 것은 의사소통의 수단으로써 유용성이 높다는 사실을 반영한다. 그러나 정보성만을 추구하다 보면, 개념이 너무 특수화되어 결국에는 자기 자신만을 사례로 가지고 있는 개념이 되고 만다. 이것은 인지 경제성이라는 측면에서 바람직하지 못하다. 여기서 차별성이 작용한다. 대상들이 상당히 비슷하여 구별하기가 쉽지 않다면, 이들을 동일한 개념에 포함시키는 것이 정보 처리라는 측면에서 바람직하다.

기본 수준은 개념의 내용에서도 다른 수준과 차이를 보인다. 기본 수준 개념의 속성들은 대부분이 사례 부분에 해당한다. 예컨대, '피아노' 개념의 속성들은 '건반' '페달' '현' '다리' 등이다. 반면에 하위 수준 개념에는 사례의 부분에 해당하는 속성의 비율이 기본 수준에 비해서 현저하게 적으며, 상위 수준 개념의 경우는 더욱 극소수에 불과하다. 특히 기본 수준 개념들을 서로 구별해 주는 차별 속성들이 바로 대상의 부분들이다. 동일 상위 수준 개념에 포함되는 서로 다른 기본 수준 개념들이 동일한 부분을 속성으로 공유하는 경우는 거의 없으며, 공유 속성들은 대부분 대상의 부분이 아니다. 예컨대, '악기' 개념의 공유 속성으로는 기껏해야 '소리를 낸다' 정도이며, '과일' 개념의 공유 속성은 '달콤하다'와 같은 것이 가능할 뿐이다.

기본 수준은 구체적으로 존재하는 대상에게만 적용되는 것이 아니다. 우리가 살아가고 있는 실제 환경 장면, 행위와 사건, 성격 특질, 정신질환의 임상적 진단, 정서의 표현, 컴퓨터 프로그래밍 등 다양한 영역에도 적용될 수 있다. 그렇지만 여기에는 몇 가지 유념하고 넘어가야 할 사안들이 있다.

가장 큰 문제는 개념 위계의 보편성 여부다. 예컨대, 성격 특질에서 어떤 특질이 보다 보편적인지, 즉 상위 수준인지를 판단하는 것은 참새가 새에 포함되는지를 판단하는 것처럼 간단한 문제가 아니다. 음악성 개념과 재능 개념을 보자. 프로농구 선수, 교향악단원, 전문 바둑기사 등은 모두 재능이 있는 사람이지만, 음악성은 실제로 음악을 하는 사람에게만 적용된다는 의미에서 '재능'이 '음악성'보다 상위 수준의 개념이라고 할 수 있다. 그렇지만 음악가가 되기 위해서는 재능이 필요하다고 본다면, '재능'은 '음악성'의 한 구성 요소일 수도 있다. 구체적 대상 개념 간의 관계에서는 한 개념이 다른 개념보다 상위 수준에 있으면서 동시에 구성 요소가 된다는 것은 상상할 수도 없는 일이다. 구체적 대상이 없는 개념은 대상 개념처럼 명료하지 않은 경우들이 많다. '여름에 공포영화 관람하기'와 같은 개념이 가능한 것이기는 하지만, 실제로 사람들 마음속에 독립된 개념으로 존재한다고 보기는 어렵다. 하나의 명사로 표현할 수 있는 이름을 가지고 있지 않음으로 인해서 그 개념을 확인하고 연구하기가 힘든 경우가 많다.

개념의 체제화라는 측면에서도 문제점이 있을 수 있다. 구체적 대상들은 지각적 속성을 많이 가지고 있는 반면, 대상이 없는 개념들은 성향적이거나 추상적 속성을 많이 가지고 있을 뿐만 아니라 위계적으로 체제화되어 있지 않은 경우가 많다. 예컨대, 행위는 목적론적 수준에 따라 개념화하는 것이 적합할 수 있다. '행위' 개념에 포함되는 사례들이라도 '다이얼 돌리는 행위' '전화를 거는 행위' '사교 행위' '화재 신고 행위' 등 다양한 목적에 따라 다른 행위로 간주할 수 있다. 이들 간의 관계는 전혀 위계적이지 않다.

3) 전문성과 기본 수준

도시 아동과 농촌 아동에게 다양한 들꽃 사진과 나무 사진을 보여 주면서 이름을 말해 보라고 하면 어떤 결과가 나타나겠는가? 전반적으로 도시 아동들은 아주 친숙한 소수의 대상을 제외하고는 그저 '들꽃'('야생화')이나 '나무'라고 부르기 십상일 것이다. 반면에 농촌 아동들은 '고깔제비꽃' '은방울꽃' '미루나무' '참죽나무' 등으로 부를 가능성이 크다. 기본 수준이 정보성과 차별성에서 상위 수준이나 하위 수준보다 우선성을 갖고 있으며, 사례의 범주화가 우선적으로 기본 수준에서 이루어진다고 할 때, 이러한 차이를 어떻게 설명할 것인가?

기본 수준이 명시적으로 고정되어 있는 것은 아니다. 특정한 영역에서 사람들이 가지고 있는 지식의 내용이나 정도에 따라서 달라질 수 있다. 일반인들에게는 등산길에 들려오는 새소리가 구분이 안 되고[11] 모두 '새'의 사례들이 내는 소리로 범주화되지만(즉, '새'가 기본 수준이 되지만), 새 전문가에게는 '개똥지빠귀' 소리, '휘파람새' 소리, '홍방울새' 소리 등이 일차적으로 구분되어 범주화될 수 있다.[12]

---

11) 여기서 구분이 안 된다는 말은 모든 새 종류의 지저귀는 소리가 똑같이 들린다는 말이 아니다. 참새 소리와 휘파람새 소리는 다르게 들린다. 지각적으로는 다르게 들리지만, 즉 지각 분화는 이루어져 있지만, 어느 소리가 어느 새에 해당하는 것인지 변별하지 못한다는 것을 의미한다. 나무도 종에 따라서 모두 다르게 지각되지만, 그것들이 어떤 나무인지를 변별하지 못한다는 의미다.

전문성이 기본 수준에 미치는 효과를 다룬 흥미 있는 실험연구를 보도록 하자(Tanaka & Taylor, 1991). 새 전문가와 개 전문가에게, 첫째 상위 수준, 기본 수준 그리고 하위 수준 개념의 속성들을 기술하도록 하였더니, 비전문 영역에서는(새 전문가에게는 개 영역이 비전문 영역이고, 개 전문가에게는 새 영역이 비전문 영역이다) 하위 수준보다 기본 수준 개념[13]에 대해서 훨씬 많은 속성을 기술하는 반면, 자신의 전문 분야에서는 하위 수준 개념에 대해 기술한 속성의 수가 급격하게 증가하였다. 예컨대, '개' 개념에 대해서는 개 전문가나 새 전문가가 기술한 속성의 수에서 큰 차이가 없었으나, '개'의 하위 수준 개념인 '콜리'에 대해서는 개 전문가가 기술한 속성의 수가 훨씬 많았다.

둘째, 그림에 자유롭게 이름을 붙이도록 하였더니, 비전문 영역의 그림에 대해서는 기본 수준의 이름을 붙이는 경향이 압도적으

----

12) 경험 정도에 따라서 기본 수준이 달라질 수 있다는 사실을 보여 주는 인류학적 증거들도 많이 있다. 분류학적으로 볼 때 멕시코 젤탄 족의 아동들은 식물들을 속(genus) 수준에서 분류하는 반면(단풍나무, 미루나무 등), 미국의 도시 아동들은 식물들을 속보다 하나 높은 과(family) 수준에서 분류하는 (모두 '나무'라 부른다) 경향이 있다. 아마도 도시 아동들이 나무에 대한 경험이 적은 반면, 젤탄 족의 아동들은 태어나면서부터 많은 나무 종들을 경험하며 생활하기 때문일 것이다. 반대로 도시 생활과 관련된 개념들은 도시 아동들이 보다 정교한 개념을 가지고 있다. 이러한 사실은 기본 수준이 개인뿐만 아니라 사회나 문화에 따라 달라질 수 있으며, 경험 영역에 따라 달라질 수 있음을 반영한다.

13) 여기서의 기본 수준이란 개나 새 전문가가 아닌 일반인들의 경우 전형적으로 나타나는 기본 수준을 말하는 것이다. 전문가의 경우에는 기본 수준이 한 단계 밑으로 내려온다고 볼 수 있다.

로 많았으며, 전문 영역의 그림에 대해서는 하위 수준의 이름을 붙이는 경향이 증가하였다.

셋째, 개념의 이름을 주고 난 후 그림을 제시하여, 그 그림이 개념의 사례인지의 여부를 가능한 한 신속하게 판단하도록 하였더니, 비전문 영역의 경우에는 기본 수준이 가장 빠르고 하위 수준이 가장 느린 반면에 전문 영역에서는 기본 수준과 하위 수준의 반응 시간이 모두 빨랐으며, 상위 수준이 가장 느렸다. 경험의 결과로 범주화 판단에서 하위 수준이 상당한 이점을 얻게 된 것이다.

일반적으로 하위 수준이 정보성은 높지만 차별성은 낮다. 그러나 전문가들은 하위 수준의 독특한 속성을 많이 알고 있기 때문에, 하위 수준의 차별성이 높아진다. 그 결과 전문가들의 하위 수준은 개념의 위계 구조에서 볼 때 기본 수준과 동일한 특성을 갖게 된 것이다.

5. 개념 획득과 관련된 제 현상

앞에서 제시한 세 가지 주요 현상, 즉 본보기 효과, 지식 효과 그리고 기본 수준 효과만큼 상당한 합의가 이루어지지는 않았지만, 개념과 범주 연구에서 상당한 이론적 논쟁을 벌인 현상들이 있다. 이 절에서는 그 내용 중에서 중요한 것으로 판단되는 몇 가지 주제를 간략하게 소개한다.

1) 개념 학습에서 기저율 무시

개념을 학습할 때, 일반적으로 사람들은 특정 개념에 속하는 사례와 그 사례들이 가지고 있는 속성들의 빈도에 주의를 기울인다. 한 사례가 다른 사례보다 더 자주 출현하면, 나중에 그 사례를 더 전형적인 본보기로 간주하고 더 신속하게 범주화한다(본보기 효과). 마찬가지로 특정 개념에서 특정한 속성이 더 자주 출현하면, 그 속성을 보유한 사례를 더 신속하게 학습하고 더 전형적인 본보기로 간주한다(친족 유사성). 실제로 개념 학습은 사례들이 가지고 있는 다양한 속성의 기저율(상대적 출현 빈도)을 얼마나 잘 파악하느냐에 달려 있다. 그런데 특정한 상황에서는 이러한 기저율이 무시되기도 한다.[14]

다음의 상황을 생각해 보자. 두 가지 질병(범주)이 있는데, 한 질병은 다른 질병보다 출현 빈도가 세 배나 높다. 그리고 환자(사례)가 나타내는 증상은 다음과 같이 확률적으로 나타난다.

	드문 질병(A)	흔한 질병(B)
증상 1	.60	.20
증상 2	.40	.30
증상 3	.30	.40
증상 4	.20	.60

---

14) 기저율 무시 또는 기저율 오류 현상은 사람들이 판단과 의사결정에서 사용하는 전형적인 어림법(발견법) 연구에서 집중적으로 다룬 현상이다. 어떤 사건의 확률을 추정할 때, 그 사건이 전집을 얼마나 잘 대표하는지에 근거하여 확률을 추정하는 과정에서 그 사건의 기저율을 감안하지 않는 일이 일

예컨대, 드문 질병 A 환자가 증상 1을 보일 확률이 .60이고, 흔한 질병 B 환자가 증상 2를 보일 확률이 .30이다. 증상들이 확률적으로 나타나기 때문에 두 질병이 동일한 증상 집합을 가질 수도 있는 다소 이례적인 범주 구조라 할 수 있다. 따라서 어떤 사람이 어떤 질병을 앓고 있는지를 절대적으로 확신할 수 없다.

증상 1만을 놓고 생각해 보자. 실험 참가자들이 두 범주, 즉 질병의 많은 사례를 경험한 후에 증상 1을 보이는 환자가 질병 B가 아니라 질병 A(드문 질병)를 앓고 있을 백분율을 어떻게 평가하겠는가? (다른 증상에 대한 정보는 없다고 가정하자.) 질병 A에서 증상 1이 다른 증상들에 비해서 출현 빈도가 가장 높지만(P=.60), 질병 B가 A보다 세 배나 더 흔하기 때문에 정답은 50%가 된다. 다시 말해서, 질병 B에서 증상 1의 출현 빈도(P=.20)를 세 배 하게 되면 질병 A에서 증상 1의 출현 빈도와 같게 된다. 실제 실험에서 얻은 결과는 67%이며, 통계적으로도 정답으로부터 유의하게 차이가 난다(Gluck & Bower, 1988).[15] 그렇지만 이 결과는 만일 실험 참가자들

어나서 통계적인 확률과는 상반되는 추정을 하기도 한다. 보다 자세한 내용은 이정모(2001) 제11장을 참조하라.

15) '통계적으로 유의한 차이가 있다.' 는 것은 그 차이가 우연히 일어날 확률이 매우 낮다는 것을 의미한다. 이 예에서 증상 1이 질병 A와 B에서 나타난 빈도는 동일하다. 따라서 증상 1만이 주어졌을 때 어느 질병을 앓고 있는 것인지는 반반이다. 즉, 질병 A일 확률도 0.5이고 질병 B일 확률도 0.5다. 그런데 사람들이 이 사실을 알고 있으면서도 질병 A일 확률을 지극히 우연히 0.67(67%)로 판단할 확률을 이항 분포에 근거하여 계산해 보았더니, 예컨대 0.05보다도 작다면(이렇게 기준으로 삼는 확률을 유의도 수준이라고 부르며, 통계학에서는 관례적으로 0.05나 0.01을 사용하는 경우가 많다), 이것은

이 두 범주의 상대적 출현 빈도를 무시한다면 예상할 수 있는 결과
다. 이것이 바로 기저율 무시(base-rate neglect) 현상이다.

　사례(환자)들을 경험할 때 증상 1이 질병 A와 B에 출현한 빈도가
동일함에도 불구하고, 사람들이 증상 1을 질병 A의 보다 확실한
증거로 간주하는 이유는 무엇인가? 일차적인 요인은 두 범주(질병)
를 변별하도록 만들어 주는 중요한 속성(증상)에 주의를 더 많이
기울이게 되기 때문이다. 이에 덧붙여서 범주를 학습하는 순서도

우연이 아니라고 결론 내리는 것이다. 동전을 던져서 앞면이나 뒷면이 나올
확률은 똑같이 0.5다. 만일 10개의 동전을 던지면 앞면은 몇 개나 나오겠는
가? 5개일 가능성(즉, 확률)이 가장 높다. 그렇지만 항상 다섯 개가 나오는
것은 아니다. 우연히 5개보다 적거나 많을 수 있으며, 극단적으로는 한 개도
없거나 10개 모두 앞면일 수도 있다. 만일 2개가 앞면이었다면, 앞면이 2개
이하일 확률을 계산하여, 확률이 매우 낮다면 이것은 우연히 그렇게 된 것
이라기보다는 무엇인가 다른 요인이 작동하여(예컨대, 사기를 쳤거나 동전
이 찌그러졌거나 등등. 운이 좋았다거나 나빴다고 말하는 것은 우연히 그렇
게 되었다는 의미) 그렇게 된 것이라고 결론을 내리게 된다. 따라서 통계
적 결론은 항상 확률에 근거하는 것이며, 그렇기 때문에 잘못된 결론에 도
달할 가능성이 크지는 않더라도 항상 존재한다. 지나는 김에 한마디 덧붙이
면 경험과학으로서의 심리학은 거의 모든 연구에서 통계적, 즉 확률적 결론
을 내리게 된다. 엄격한 연구 방법론을 사용하여(살아 있는 생명체가 나타
내는 변화무쌍한 행동과 심적 변화, 그리고 신경계의 활동을 연구 대상으로
하기 때문에 자연과학에서 사용하는 연구 방법론보다 훨씬 엄격하다) 얻은
데이터를 다양한 통계학적 방법에 근거하여 분석하고, 그 분석 결과에 근거
하여 확률적 결론을 내리는 것이다. 연구가 여기에서 그치는 것은 아니다.
수많은 연구 결과와 결론을 바탕으로 다양한 법칙이나 이론을 정립하고자
시도하게 되는데, 여기서 수학이 결정적인 역할을 담당한다. 다소 어려운 표
현으로, 법칙이나 이론이 앞으로 일어날 사건을 정량적으로(quantitatively)
예언하기 위해서는 수학적 등식으로 표현할 수 있어야만 한다. 과학으로서
의 심리학을 새롭게 공부하거나 전공하고자 하는 독자가 있다면(많은 분이
그렇기를 희망한다), 수학과 통계학 공부를 게을리하지 않기를 바란다.

영향을 미친다. 일반적으로 사람들은 출현 빈도가 높은 범주를 먼저 학습한다. 앞의 경우에 질병 B를 먼저 학습하면서, 질병 B에서는 증상 4의 출현 빈도가 가장 높으며 증상 1은 거의 나타나지 않는다는 사실을 학습한다. 뒤이어서 질병 A를 학습할 때 이미 학습한 범주, 즉 질병 B와 차별성이 가장 큰 속성에 주의를 기울이게 되는데, 증상 1이 바로 그러한 속성이 된다. 따라서 증상 1이 질병 A와 강력하게 연합되는 것이다(Kruschke, 1996).

2) 개념 속성들의 상관 구조

개념이 일차적으로 우리가 살고 있는 환경에 관한 지식의 토대라고 할 때, 개념 구조는 환경 구조를 반영해야 한다. 그런데 이 세상에 존재하는 사물들은 속성들의 단순한 집합이 아니라 나름대로 구조화되어 있다. 예컨대, 깃털이 있는 동물은 털북숭이 동물보다 날개를 가지고 있을 가능성이 훨씬 크며, 의자의 모습을 한 대상은 전화기 모습의 대상에 비해서 '앉을 수 있다' 는 기능을 더 많이 가지고 있다.

속성들의 조합은 결코 균질적으로 출현하지 않는다. 요컨대, 개념은 상호 상관을 이루는 속성들의 군집이다.[16] 예컨대, 새는 날개

---

16) 물론 환경이 정말로 이러한 군집을 이루고 있는 것인지는 쉽게 단정할 수 없으며, 심리학 실험을 통해서 검증할 수 있는 문제도 아니다. 여기서 주장하고자 하는 것은 우리가 가지고 있는 개념들이 상관 속성들의 군집으로 구성되어 있다는 것이다.

를 가지고 있고, 날아다니며, 깃털과 부리가 있고, 계절에 따라 이
동을 하며, 열매와 씨앗을 먹는 경향이 크다. 물론 모든 새가 이러
한 속성을 가지고 있다고 주장하는 것은 아니다. 속성들 간의 상관
구조에 근거하여 만일 날개가 있고 둥지에서 사는 동물이라면 깃
털과 부리를 가지고 있을 것이라고 보다 확신할 수 있다는 말이다.

그렇다면 사람들이 범주 사례들을 경험할 때 실제로 속성들 간
의 상관에 주목하고 범주화 판단에 그 상관 정보를 사용하는 것인
가? 이 물음에 관한 많은 심리학 연구들이 수행되었으나,[17] 전반적
인 결과는 그렇지 않다는 쪽으로 수렴되고 있다. 다만, 연구자가
임의로 처치를 가한 상관이 아니라 사람들이 이미 가지고 있는 세
상 지식과 맞아떨어지는 경우에는 그 상관 정보를 사용한다. 예컨
대, 무기의 경우 '섬광을 일으킨다.'와 '일시적으로 눈을 멀게 만
든다.'와 같이 세상 지식과 일치하는 관계가 주어질 때 그 관계에
주의를 기울인다. 세상 지식과 일치하는 경우에는 상관 속성들이
실제로 더 자주 함께 출현하는 것이 아닐 때조차도 그렇다. 요컨
대, 사람들이 범주 자체를 학습하는 데에만 초점을 맞추는 경우에
는 그러한 상관에 주의를 기울이지 않는다. 그러나 나중에 속성에
대한 귀납추리를 수행해야 하는 상황이라면, 속성들 간의 관계에

----

17) 앞에서 여러 차례 소개하였던 것처럼 전형적인 심리학 실험 연구에서는 상
관 속성들을 가지고 있는 사례들을 경험하는 경우와 그렇지 않은 사례들을
경험하는 경우에, 그 상관 속성들을 가지고 있는 새로운 사례에 대한 범주
화의 정확성이 높아지고 반응 시간이 빨라지는지의 여부, 그리고 속성들의
상관 여부가 전형성 판단에 영향을 미치는지를 관찰한다.

전략적으로 주의를 기울일 수 있다.

3) 개념과 범주의 자발적 구성

개념과 범주에 관한 대부분의 심리학 실험에서는 참가자들에게 새로운 범주들을 학습하도록 요구한다. 연구자는 특정한 규칙이나 이론에 근거하여 둘 이상의 범주를 마련한다. 그 범주에 속하는 사례들을 참가자들에게 하나씩 제시하면서 범주화하도록 요구하고 피드백 정보를 제공한다. 참가자들은 그 정보에 근거하여 범주를 학습하게 된다. 유아에게 개념과 범주를 가르칠 때도 이러한 방법을 동원한다. '멍멍이' 개념을 처음 획득한 아이가 고양이를 보고 멍멍이라고 말하면, '저것은 야옹이란다, 야옹이'라는 피드백을 주어 개와 고양이를 변별할 수 있게 해 준다.

그렇지만 또 다른 경우에는 피드백 정보 없이 사례들을 자발적으로 새로운 범주로 범주화하기도 한다. 예컨대, 낯선 문화권의 새로운 음악을 처음으로 듣게 되거나 새로운 동·식물들을 접하게 될 때, 기존의 범주 체계로는 범주화할 수 없지만 그것들이 응집력 있는 집합을 형성하고 있다는 사실에 주목함으로써 새로운 범주를 형성하기도 한다.[18] 아동이 새로운 개념과 범주를 획득할 때도

---

18) 제삼자가 피드백 정보를 제공하지 않으면서 스스로 새로운 범주를 구성한다고 해서, 인공지능 연구 분야에서는 자율 학습(unsupervised learning)이라고 부르기도 하며, 피드백 정보가 제공되는 학습을 지도 학습(supervised learning)이라고 부른다.

이러한 자발적 구성이 중요하다. 첫돌을 전후해서 시작하는 아동
의 언어 발달 과정에서 어휘가 그토록 비약적으로 발달할 수 있는
것도 아동이 이미 많은 개념과 범주를 스스로 구성하고 있기 때문
에 가능한 것이다.

　그렇다면 사람들은 어떤 정보를 사용하여 스스로 범주를 구성하
는 것인가? 원형 정보와의 유사성이나 본보기들 간의 유사성 정보
를 사용할 것이라는 가정하에 수행한 많은 연구는 전혀 엉뚱한 결
과를 내놓았다. 실험 참가자들에게 자연범주의 특징인 친족 유사
성 구조를 갖춘 두 범주의 사례들을 뒤섞어 제시하고, 응집력 있는
자연스러운 두 개의 범주로 분류해 보도록 요구하면, 거의 예외 없
이 단 하나의 속성(차원)에만 근거하여 사례들을 범주화한다. 예컨
대, 크기, 신체 모양, 피부 색깔, 그리고 꼬리의 길이라는 네 차원
에서 친족 유사성 구조를 갖는 두 인위적인 동물 범주의 사례들을
그림으로 제시하였음에도 불구하고,[19] 참가자들은 하나의 차원(예

---

19) 제1장 [그림 1-2]에서 보았던 것처럼 한 범주에 속한 대부분의 사례가 공유
　하는 속성들의 집합으로 규정할 수 있는 범주 구조를 말한다. 예컨대, 다음
　표에서 보듯이 네 차원에서 범주 A의 사례들은 주로 1의 값을, 그리고 범주
　B의 사례들은 주로 0의 값을 갖도록 범주 구조를 구성함으로써 친족 유사성
　을 갖도록 만드는 것이다. 표에서 각 범주의 첫 번째 사례는 개념적으로 원
　형에 해당한다고 볼 수 있다.

범주 A				범주 B			
차원 1	차원 2	차원 3	차원 4	차원 1	차원 2	차원 3	차원 4
1	1	1	1	0	0	0	0
0	1	1	1	1	0	0	0
1	0	1	1	0	1	0	0
1	1	0	1	0	0	1	0
1	1	1	0	0	0	0	1

컨대, 크기나 피부 색깔)만을 선택하여 두 범주로 유목화한다(큰 동물 대 작은 동물, 또는 밝은 색 동물 대 어두운 색 동물). 다양한 실험 자극을 사용하고, 친족 유사성 구조를 형성하도록 의도적으로 참가자들에게 지시하여도 별 효과가 없다. 단일 차원 또는 속성에 근거하여 범주화하려는 편향은 상당히 강력하다(Medin, Wattenmaker, & Hampson, 1987).

우리는 헤아릴 수 없이 많은 자연 개념을 이미 획득하여 사용하고 있다. 어린 아동들도 어휘를 획득하기 이전부터 스스로 수많은 자연 개념을 구성한다. 거의 모든 자연 개념은 친족 유사성 구조를 갖는다. 그럼에도 불구하고 실험 참가자들이 이렇게 단일 차원(속성) 전략에 매달리는 현상을 어떻게 설명해야 할 것인가? 앞에서 보았던 것처럼 한 개념의 속성들 간에는 상관관계가 존재하며, 개념 또는 범주 정보가 유용한 이유도 바로 이러한 상관 구조에서 찾을 수 있다. 창밖을 스쳐 날아가는 대상을 '새'로 범주화하게 되면, 비록 직접 관찰한 것은 아닐지라도 다리가 두 개이고 알을 낳으며 둥우리에 살고 있다고 추론할 수 있는 것도 속성들 간에 상관관계가 존재하기 때문이다. '새'와 같은 거의 모든 자연 개념은 다차원적이며 풍부한 정보를 가지고 있기 때문에 귀납추론을 가능하게 만들어 준다. 단일 차원에 근거한 범주화로는 이러한 추론에 필요한 정보를 획득할 수 없는 것이다.

아직 확실한 답을 내놓을 수는 없으나, 아마도 가장 큰 이유 중의 하나는 바로 논리를 강조하는 교육 시스템 때문일 가능성이 크다. 과학은 우선 어떤 현상의 일차 원인을 분리하여 확인하는 것에서 출발한다.[20] 학교에서 실시하는 시험에서도 제시한 모든 문항에 공통되는 요인을 찾을 것을 강조하기 십상이다. 사회 현상의 원인을 놓고 토론을 벌이는 공개 토론회에서도 하나의 결정적 원인을 내놓으려는 시도가 빈번하게 이루어진다. 많은 요인이 부분적

---

20) 그렇다고 과학이 일차 요인을 찾아내는 것에만 집착한다는 말은 결코 아니다. 일반인들이 그렇게 생각하는 경향이 있다는 것이다. 어떤 한 요인이 특정 현상에 영향을 미치는 것인지를 알아내기 위해서는 우선 다른 요인들을 통제하고 그 요인에 처치를 가하여 효과를 검증하는 작업이 우선할 수밖에 없다. 이러한 통제가 이루어지지 않으면, 기대한 효과가 나타나더라도 그 효과를 처치를 가한 요인의 탓으로 돌릴 수 없게 된다. 이는 통제가 가해지지 않은 다른 요인에 의한 것일 수 있기 때문이다. 많은 연구를 통하여 만일 여러 요인이 그 현상에 영향을 미친다는 사실이 밝혀지게 되면, 그 요인의 상대적 기여도와 상호작용을 밝히는 작업이 뒤따르게 된다. 그런데 학교 교육장면에서는 가장 중요한 요인만을 강조하는 경향이 있기 때문에, 마치 그 요인만이 중요한 것처럼 받아들이게 되기 십상이다. 예를 들어 보자. 학업성취에 지적 능력이 영향을 미치는 것인지를 검증하려면, 그 성취에 영향을 미칠 수 있는 다른 요인들, 예컨대 가정의 사회경제적 지위, 근면성이나 성실성과 같은 성격 특질 요인, 지적 호기심과 같은 동기 요인 등을 통제하고 오직 지적 능력의 차이가 학업성취의 차이에 영향을 미치는 것인지를 확인해 보아야 한다. 다른 요인들의 효과를 검증할 때도 마찬가지다. 결과적으로 정도의 차이는 있지만 이러한 요인들이 모두 학업성취에 영향을 미치는 것으로 판명된다면, 그 요인들이 함께 작동할 때의 효과, 즉 상호작용 효과를 검증하는 작업이 뒤따라야 한다. 이 모든 작업을 한꺼번에 모두 수행하는 것은 현실적으로나 이론적으로 불가능한 경우가 대부분이다. 마라톤을 하더라도 한 걸음 한 걸음 내딛어야 하는 것처럼 연구도 단계적으로 진행될 수밖에 없다. 아무리 좋은 아이디어라도 이러한 단계를 거쳐 검증하지 않으면 공염불에 그칠 가능성이 많다. 연구 방법론에 관한 논의는 이 책의 범위를 넘는 것이기에 더 이상 다루지 않는다. 관심 있는 독자라면 신현정(2003), 신현정, 박태진, 도경수(2004)를 참고하기 바란다.

으로 영향을 미쳐 그 현상이 결과로 나타난 것일 가능성이 무척 큰 경우에도 그렇다. 이렇듯 일차 요인을 찾아내고 무관련 요인을 걸러 내는 작업을 강조하는 것이 실험 상황에서도 작용할 가능성이 크다. 대부분의 실험 참가자가 대학생인 심리학 실험에서 이렇게 단일 차원(속성) 전략이 우세한 이유는 아마도 참가자들이 과제를 결정적 속성 찾기로 받아들이기 때문일 가능성이 있다(Murphy, 2004).

또 다른 이유는 실험에 사용하는 대부분의 속성이 배경지식과 일치하는 관계를 가지고 있지 않기 때문에 사례들을 통해서 친족 유사성 구조를 찾아내기가 쉽지 않기 때문일 가능성이 있다. 실제로 속성들 간의 관계가 배경지식과 일치하도록 범주 사례들을 구성할 경우에는 단일 차원 전략의 사용이 줄어들며 친족 유사성에 근거하여 범주화하는 경향이 증가한다. 그렇지만 앞의 절에서 보았던 것처럼 단지 범주를 구성하는 것에만 초점을 맞추게 되면, 속성의 상관 구조에는 주의를 기울이지 않을 수 있다. 구성한 범주를 가지고 무엇인가를 예측하거나 귀납추리를 수행해야 할 필요성이 있을 때 비로소 상관 구조에 주의를 기울이게 된다. 따라서 세상을 이해하고 예측하고자 시도하는 과정에서 자연 범주의 친족 유사성 구조가 중요하게 된다.

6. 결론 및 요약

개념은 경계가 명확하지 않은 퍼지집합이며, 그 구성원들이 전형성에서 차이를 보이는 등위 구조를 가지고 있고, 맥락에 따라서 상호 배타적인 둘 이상의 개념에 동시에 포함되기도 하고 포함되지 않기도 하는 사례들이 항상 존재한다. 1970년을 전후하여 이러한 사실이 경험적으로 밝혀진 이래, 개념의 구조와 사용, 획득과 구성 등에서 일관성 있게 나타나는 여러 현상을 찾았다. 이 장에서는 사례가 범주를 대표하는 정도가 거의 모든 정보 처리에서 중요한 역할을 담당한다는 전형성 효과, 사례 경험 과정에서 생각난 특정한 본보기가 범주화에 영향을 미친다는 본보기 효과, 피드백 정보에 근거하여 새로운 개념을 획득하거나 자발적으로 구성하거나 아니면 새로운 사례를 범주화할 때 세상 지식이 상당한 영향을 미친다는 지식 효과, 그리고 개념 위계에서 정보성과 인지 경제성이 타협하여 심리적으로 가장 기본이 되는 기본 수준의 특성과 효과를 살펴보았다. 이에 덧붙여서 개념 학습 연구에서 논쟁거리가 되어 왔던 몇몇 현상, 즉 기저율 무시 현상, 개념 속성들의 상관 구조, 그리고 개념의 자발적 구성에서 단일 차원(속성) 전략 편향성의 문제 등을 살펴보았다. 개념에 관한 심리학적 연구가 누적됨에 따라서 그 구조와 심적 처리 과정에 대한 견해와 모형들은 점점 복잡해지고 있다. 이는 아마도 우리 지식 체계의 광범위성과 복잡성을 반영하는 것이겠다. 다음 장에서는 범주화와 아울러 개념의 또 다른 중요한 기능, 즉 범주적 사고를 다룬다.

03 _

범주적 사고: 범주 기반 귀납추리

범주 기반 귀납추리(category-based induction)란 특정 범주에 관한 지식을 그 범주와 관련된 다른 범주나 사례에 적용하는 과정이다. 예컨대, '고양이는 공격하기 전에 꼬리를 살랑살랑 흔든다.'는 고양이 범주에 관한 지식을 전제로 사용하여, '모든 고양과 동물은 공격하기 전에 꼬리를 살랑살랑 흔든다.'거나 '모든 애완동물은 공격하기 전에 꼬리를 살랑살랑 흔든다.'거나 '우리 집 고양이 담요를 공격하기 전에 꼬리를 살랑살랑 흔든다.'는 결론에 도달하는 것이다. 귀납추리는 연역추리와 달리 그 결론이 참임을 보장해 주지 않는다. 결론은 단지 귀납적으로 보다 강력하거나 강력하지 않을 뿐이다. 즉, 참일 가능성이 더 크거나 작을 뿐이다. 일반적으로, 귀납추리의 가능성은 그 추리에 수반되는 범주와 사례들 간에 존재한다고 믿는 적절한 관계들의 함수라고 할 수 있다. 그렇다면 수반된 범주와 사례들 간에 존재하는 수많은 관계들(예컨대, 분류학적 위계 관계, 인과적 관계, 주제적 관계, 생태학적 관계, 전체-부분 관계 등) 중에서 사람들은 어떤 관계에 근거하여 귀납추리를 수행하는가? 그리고 그 이유는 무엇인가? 아마도 주어진 범주와 사례들이 무엇이냐에 따라서 다양한 관계가 범주 기반 귀납추리에 사용될 것이다(Coley, Shafto, Stepanova, & Baraff, 2005 참조). 이 장에서는 그동안 심리학 연구에서 밝혀진 몇몇 현상을 소개한다.

 개념과 범주의 용도 중에서 범주화 못지않게 중요한 것이 새로운 사례나 범주에 관하여 무엇인가를 예측하는 것이다. 만일 이웃집 부부가 며칠간 여행을 떠나면서 고양이를 돌보아 달라고 부탁을 한다면, 비록 그 고양이를 한 번도 본 적이 없다고 하더라도 무엇을 어떻게 해야 하는지는 명백하다. 이는 고양이에게 필요한 것이 무엇인지를 이미 알고 있기 때문이다. 고양이에게 먹이와 물을 주어야 할 것이고, 시간 여유가 있고, 그 고양이가 낯가림을 하지 않는다면 털을 골라 주기도 하고, 빠진 털이 널려 있을 터이니 청소기로 집안 청소도 한두 번쯤은 해 주어야 한다는 등의 사실 말이다. 새로운 사례에 대해서 만일 이러한 추론을 할 수 없다면, 그 사례가 고양이인지 강아지인지 아니면 장난감인지를 아는 것, 즉 범주화하는 것은 별 도움이 되지 않을 것이다. 범주화는 중요한 인지 과정이지만, 그 자체만으로 유용한 것은 아닐 수 있다. 유용성을 갖는 것은 범주화에 근거한 범주 정보를 후속 인지 과정에 적용하는 것이다. 이 장에서는 범주 기반 귀납 과정, 즉 범주 정보를 새로운 사례나 범주에 확장하는 과정에 초점을 맞춘다.

 귀납추리(induction)는 지극히 광범위한 현상이며, 여러 측면의 개념적 처리 과정을 설명하는 데에도 동원된다. 개략적으로 표현해서 귀납이란 경험하는 몇몇 사례에 근거하여 범주 일반에 대해서 가능성이 높은 결론을 도출하는 추리 과정이라고 할 수 있다.[1]

----

1) 추리란 이미 알고 있는 사실, 즉 전제를 기초로 하여 새로운 사실, 즉 결론을 유도하는 과정이다. 추리는 크게 연역과 귀납의 두 가지 유형으로 나눌 수 있

따라서 범주를 학습하는 것도 일종의 귀납 과정이다. 여기서는 이미 알고 있는 범주에 근거하여 새로운 사례나 범주에 대한 귀납추리 과정에 국한하여 논의를 전개하고자 한다. 앞의 예는 고양이 범주에 관한 지식에 근거하여 이웃집 고양이라는 특정 사례에 대해서 추리하는 것이다. 만일 진돗개 지식을 가지고 풍산개에 관한 어떤 결론을 도출하고자 한다면, 한 범주로 다른 범주를 추리하는 것이 된다.

범주 기반 귀납추리에서는 유사성이 중요한 역할을 담당한다. 범주 사례들이 유사할수록 귀납적 결론이 참일 가능성은 높아진다. 그렇기 때문에 범주 위계에서 하위 수준의 범주일수록 강력한 귀납이 가능해진다. 이웃집에서 그저 애완동물을 돌보아 달라고 했을 때와 샴고양이를 돌보아 달라고 했을 때를 비교해 보면 쉽게 이해할 수 있다. 물론 당신이 애완동물과 샴고양이 일반의 특성을

다. 연역은 일반적 원리에서 구체적 사실을 유도하는 추리 과정이며, 귀납은 구체적 사실에서 일반적 원리를 유도하는 추리 과정이다. 연역추리에서는 만일 전제가 참이면, 결론도 반드시 참이어야 한다. 즉, 연역적으로 타당해야 한다. 결론에서 진술하는 모든 내용이 이미 전제 속에 포함되어 있기 때문이다. 예컨대, "모든 사람은 죽는다. 소크라테스는 사람이다. 따라서 소크라테스는 죽는다."는 삼단논법에서 두 전제는 필연적으로 결론으로 이끌어 간다. 반면에 귀납추리에서는 만일 전제가 참이라도 결론은 확률적으로만 참일 수 있을 뿐이지 필연적으로 참이 아니다. 결론의 내용이 전제 속에 포함되어 있지 않기 때문이다. 예컨대, "태양은 어제도 떠올랐다. 오늘도 떠올랐다. 따라서 내일도 떠오른다."에서 두 전제가 결론이 참일 개연성을 시사할 뿐이지 필연적으로 참은 아니다. 연역추리와 귀납추리에 관한 심리학 연구에 관심이 있는 독자라면, 스턴버그와 벤-제프(Sternberg & Ben-Zeev, 2001)의 제5장과 제6장을 참고하기 바란다.

모두 잘 알고 있다는 것을 전제로 하는 말이다.

예를 들어, 혼자 사는 친구가 술자리를 일찍 떠나려고 하면서, "고양이 때문에 먼저 집에 가야겠어."라고 말한다면, 아쉬움에 그 친구를 붙잡아 두려고 할지언정 말 뜻을 이해하지 못해서 어려움을 겪지는 않는다. 의사소통 과정에서 범주 기반 귀납이 지극히 보편적으로 작동하기 때문이다. 우리는 대화에서 특정 대상을 단지 범주명으로 지칭하고는 상대방이 필요한 추론을 할 것이라고 기대한다. 앞에서 예로 든 문장을 들으면서 우리는 친구가 반려동물인 고양이와 함께 살고 있으며 집고양이는 여러 가지 돌봐 주어야 할 것이 많다는 사실을 기억에서 자동적으로 인출하여 문장을 이해하는 데 사용하는 것이다. 만일 그 친구가 "넥타이 때문에 먼저 집에 가야겠어."라고 말하고는 더 이상의 설명도 없이 가 버린다면, 온갖 추측이 난무하겠지만 올바른 귀납추리는 쉽지 않다. 넥타이는 일반적으로 일찍 귀가하여 무엇인가를 해 주어야 할 대상이 아니기 때문이다.

범주 기반 귀납추리가 항상 작동하는 것은 아니다. 만일 한 마리의 불도그가 송곳니를 드러내고 으르렁거리면서 당신에게 달려들려고 한다면, 그 녀석이 매우 공격적이라고 추론할 것이다. 그런데 불도그라서 공격적이라고 추론하겠는가(범주 기반 귀납), 아니면 그저 그 개가 공격적인 녀석이라고 생각하겠는가(사례 기반 판단)? 일반적으로 특정 사례 정보와 범주 정보가 상충할 때는 전자가 후자보다 우선하는 경향이 있다. 예컨대, 이웃집 치와와가 으르렁거리면서 달려든다면, 치와와라서 그렇다고 추론하기보다는 오직 그 녀석이 공격적이라고 생각하기 쉽다. 그렇기는 하지만 직접 관찰할 수 없는 속성에 대해서 귀납추리를 해야만 하는 경우에는 두 정보가 상충할 때 범주 기반 귀납에 의존할 수밖에 없다.

범주 기반 귀납에 관한 심리학 연구는 사람들이 수행하는 귀납 과정에 영향을 미치는 요인들을 밝히기 위해서 전형적으로 삼단논법과 같은 추리 과제를 부분적으로 변형하여 사용해 왔다. 실험 참가자에게 특정 범주나 사례에 대한 하나 또는 둘 이상의 전제를 제시하고, 그 전제가 다른 범주나 사례에 적용될 가능성을 평가하도록 요구하는 것이다.[2] 전자를 전제 범주, 후자를 표적 범주로 부르도록 하자. 일반적으로 표적 범주와 전제 범주는 동일한 위계 수준에 위치하며 동일한 상위 범주에 포함된다. 예컨대, "만일 오리들이 특정 전염병에 걸렸다면, 참새들이 그 전염병에 걸릴 가능성은 얼마나 되겠는가?"라고 묻고, 참가자는 참새의 몇 퍼센트가 그 병에 걸릴 것인지 또는 모든 참새가 그 병에 걸릴 가능성 정도를 평가하게 된다. 오리와 참새는 모두 새 범주에 포함되며, 동일한 위계 수준에 위치한다. 또 다른 경우에는 표적 범주가 전제 범주보다 범주 위계에서 상위 수준에 위치한다. 예컨대, "만일 오리들이

---

2) 이 경우 실험 참가자들의 배경지식이 판단에 영향을 미칠 수 있기 때문에(예컨대, 결론이 '참새는 날아다닌다.' 라면, 전제와 관계없이 '그렇다' 고 답할 수 있다), 일반적으로 알려지지 않은 사실이나 허구적으로 구성된 사실을 제시하게 된다.

특정 전염병에 걸렸다면, 새들이 그 전염병에 걸릴 가능성은 얼마
나 되겠는가?'라는 물음이 여기에 해당한다.

1. 범주 기반 귀납추리의 대표적 현상

1) 전제 범주의 전형성 효과

다음의 두 범주 기반 귀납 과제를 보자. 전제가 참이라면 결론이
참일 가능성을 백분율로 나타내 보라.

---

① 전제: 참새는 사람보다 혈액의 칼슘 농도가 더 높다.
　결론: 펭귄은 사람보다 혈액의 칼슘 농도가 더 높다.

② 전제: 펭귄은 사람보다 혈액의 칼슘 농도가 더 높다.
　결론: 참새는 사람보다 혈액의 칼슘 농도가 더 높다.

만일 ②보다 ①의 결론이 참일 가능성이 더 높다고 판단하였다
면, 정상적인 실험 참가자와 동일한 반응을 보인 것이다. 전제 범
주와 표적 범주를 포함하는 상위 범주(여기서는 새)에서 전제 범주
의 전형성이 높을수록 귀납추리의 강도가 크다. 이 경우 표적 범주
의 전형성은 아무런 영향을 미치지 않는다.[3] 다음 과제에서는 어

---

3) 범주 기반 귀납추리에서 표적 범주의 전형성이 중요하지 않은 이유는 아마도
　전제 범주의 전형성, 그리고 다음 절에서 논의할 두 범주 간의 유사성이라는

떤가?

> ③ 전제: 참새는 사람보다 혈액의 칼슘 농도가 더 높다.
>   결론: 모든 새는 사람보다 혈액의 칼슘 농도가 더 높다.
>
> ④ 전제: 펭귄은 사람보다 혈액의 칼슘 농도가 더 높다.
>   결론: 모든 새는 사람보다 혈액의 칼슘 농도가 더 높다.

이 경우에도 ④보다 ③의 결론이 참일 가능성이 높다고 판단하였다면, 정상적인 반응이라고 할 수 있다. 전제 범주가 표적 범주에서 전형적일수록 귀납추리의 강도가 크다. 참새는 전형적인 새이지만, 펭귄은 전형적인 새가 아니다. 이러한 효과는 바로 2장에서도 논의하였던 전형성 효과다.

귀납추리에서 이러한 전형성 효과가 나타나는 이유는 무엇인가? 립스(Rips, 1989)에 따르면, "만일 새로운 속성을 전형적인 사례가 가지고 있다면, 사람들은 전형적이지 않은 사례도 그 속성을 가지고 있을 것이라고 가정하게 된다. 전형적 사례의 속성은 광범위하게 공유되기 때문이다. 반대로 전형적이지 않은 사례가 그 속성을 가지고 있다는 사실을 알게 되면, 전형적인 사례도 그 속성을 가지고 있다고 가정하지 않으려고 한다. 비전형적 사례에 중요한 속성들은 대부분 그 사례에만 고유한 특성이기 때문이다." (p. 679)

두 요인과 중복되기 때문이다. 예컨대, 전제 범주의 전형성이 높고 전제 범주와 표적 범주 간의 유사성이 크다면, 표적 범주의 전형성도 높을 수밖에 없다.

요컨대, 전형적인 새인 참새가 어떤 특성을 가지고 있다면, 사람들은 나머지 새들도 그러한 특성을 가지고 있을 것이라고 생각하기 쉽지만, 전혀 전형적이지 않은 새인 펭귄이 그 특성을 가지고 있는 경우에는 그렇게 생각할 가능성이 지극히 적다는 것이다.

2) 전제 범주와 표적 범주 간의 유사성 효과

다음의 두 범주 기반 귀납 과제를 보자. 앞에서와 마찬가지로 전제가 참이라면 결론이 참일 가능성을 백분율로 나타내 보라.

⑤ 전제: 오리는 사람보다 혈액의 칼슘 농도가 더 높다.
　 결론: 거위는 사람보다 혈액의 칼슘 농도가 더 높다.

⑥ 전제: 오리는 사람보다 혈액의 칼슘 농도가 더 높다.
　 결론: 갈매기는 사람보다 혈액의 칼슘 농도가 더 높다.

일반적으로 ⑥보다는 ⑤의 결론이 참일 가능성이 더 크다고 판단한다. 이 경우 전제 범주는 동일하기 때문에, 전형성에 의한 결과일 수 없다. 앞 절에서 보았던 것처럼 표적 범주의 전형성은 귀납추리의 강도에 아무런 영향을 미치지 않으며, 거위가 갈매기보다 더 전형적인 새이기 때문도 아니다. 실제로 사람들에게 새 범주에서 거위와 갈매기의 전형성을 평가하게 하면, 후자가 더 높은 점수를 받을 가능성이 크다. 예상하는 바와 같이 이러한 결과는 전제 범주와 표적 범주 간의 유사성에 의한 것이다. 유사성 효과는 전형성 효과보다 쉽게 예측 가능하며 설명 가능하다. 두 대상이 유사할수록 속성들을 공유할 가능성이 더 크다. 오리와 거위가 다른 많은 측면에서 매우 유사하다는 사실에 근거할 때, 이 과제에서 제시한 속성도 공유할 가능성이 클 수밖에 없다.

전제가 많을수록 유사성 효과는 극명하게 드러난다. 다음 두 귀납추리 과제를 보자.

---

⑦ 전제 1: 참새는 사람보다 혈액의 칼슘 농도가 더 높다.
　전제 2: 딱새는 사람보다 혈액의 칼슘 농도가 더 높다.
　결　론: 제비는 사람보다 혈액의 칼슘 농도가 더 높다.

⑧ 전제 1: 참새는 사람보다 혈액의 칼슘 농도가 더 높다.
　전제 2: 딱새는 사람보다 혈액의 칼슘 농도가 더 높다.
　결　론: 갈매기는 사람보다 혈액의 칼슘 농도가 더 높다.

이 경우에 ⑧보다는 ⑦의 결론이 참일 가능성이 더욱 커진다. ⑦에서 전제 범주들과 표적 범주 간의 유사성이 ⑧보다 더 커지기 때문이다. 그런데 앞 절에서 논의한 전형성 효과는 범주 성분에 근거한 범주화의 문제인 반면, 유사성 효과에는 범주 성분과 비범주 성분이 모두 포함되어 있다. 전제 범주와 표적 범주 간의 유사성은 이들이 어떤 상위 범주에 속해 있느냐는 문제가 아닐 수 있다. 실제로 두 범주는 어떤 상위 범주에 속하는 것인지를 알지 못하는 개별 대상일 수도 있기 때문이다.

여기서는 전형성 효과와 유사성 효과를 편의상 분리하여 소개하였지만, 두 효과는 항상 맞물려 있다고 할 수 있다. 일반적으로 범주 X에서 범주 Y로 나아가는 귀납이 Y에서 X로 나아가는 귀납과 동일하지 않다. 예컨대, 참새에서 오리로의 귀납이 오리에서 참새로의 귀납보다 더 강력한 것이기 십상이다. 어느 방향이든지 두 범주 간의 유사성은 동일하다고 가정할 때,[4] 전제 범주의 전형성이 귀납추리를 위한 보다 우수한 근거를 마련해 준다고 할 수 있다.

3) 범주 포괄성 효과

다음의 두 귀납 과제를 보자. 두 과제의 차이는 전제 2의 범주가 ⑨에서는 소이고 ⑩에서는 물개라는 것을 제외하고는 동일하다.

⑨ 전제 1: 돌고래는 디헤드론이라는 신경전도물질을 사용한다.
  전제 2: 소는 디헤드론이라는 신경전도물질을 사용한다.
  결 론: 포유동물은 디헤드론이라는 신경전도물질을 사용한다.

---

4) 두 범주 또는 사례 간의 유사성이 일방향적인가 아니면 양방향적인가의 문제는 상당한 이론적 논쟁거리다. 심리적 공간을 상정하고 범주나 사례를 공간에서 특정한 위치를 차지하는 한 점으로 나타낼 수 있다고 가정할 때, 두 점 간의 거리가 가까울수록 두 범주 또는 사례 간의 유사성이 증가한다. 이 경우에는 기본적으로 유사성이 양방향적이다. 그러나 "X와 Y는 서로 얼마나 유사한가?"라고 묻는 경우와 "X는 Y에 얼마나 유사한가?"라고 묻는 경우에 유사성 판단이 달라질 수 있다는 증거가 많이 존재한다. 예컨대, "쿠바는 러시아와 얼마나 유사한가?"와 "러시아는 쿠바와 얼마나 유사한가?"라고 묻는 경우에, 전자의 유사성이 후자보다 상대적으로 크다고 판단할 가능성이 매우 크다. 세부적인 내용은 이 책의 범위를 벗어나는 것이다. 관심 있는 독자라면 신현정(2002) 제3장을 참조하기 바란다.

⑩ 전제 1: 돌고래는 디헤드론이라는 신경전도물질을 사용한다.
전제 2: 물개는 디헤드론이라는 신경전도물질을 사용한다.
결 론: 포유동물은 디헤드론이라는 신경전도물질을 사용한다.

일반적으로 사람들은 ⑩보다는 ⑨의 결론이 더 강력하다고 판단하는데, 이것을 범주 포괄성(category coverage) 효과라고 부른다. 여기서 포괄성이란 전제 범주들이 표적 범주(범주 위계에서 전제 범주들의 바로 위에 위치한 상위 범주)를 포괄하고 있는 정도를 나타낸다. ⑩에 제시된 두 전제 범주인 돌고래와 물개도 물론 포유동물이기는 하지만 분포가 바다 포유동물로 편향되어 있는 반면에, ⑨의 두 전제 범주인 돌고래와 소는 포유동물의 다양성을 반영하고 있다. 따라서 ⑩보다는 ⑨의 결론이 더 강력하다고 판단하는 것이다.

다음의 두 귀납 과제는 어떠한가?

⑪ 전제 1: 돌고래는 디헤드론이라는 신경전도물질을 사용한다.
전제 2: 소는 디헤드론이라는 신경전도물질을 사용한다.
결 론: 토끼는 디헤드론이라는 신경전도물질을 사용한다.

⑫ 전제 1: 돌고래는 디헤드론이라는 신경전도물질을 사용한다.
전제 2: 물개는 디헤드론이라는 신경전도물질을 사용한다.
결 론: 토끼는 디헤드론이라는 신경전도물질을 사용한다.

표적 범주가 전제 범주들과 동일한 위계 수준에 존재하는 범주로 바뀌었다는 것을 제외하고는 ⑨와 ⑩의 과제와 동일하다. 이 경우에는 추리가 한 단계 더 진행되어야 한다. 즉, 두 전제 범주의 바로 위의 상위 범주인 포유동물을 추리하고 그것에 근거하여 또 다른 포유동물인 표적 범주에 대해서 추리해야 한다. ⑪의 두 전제 범주가 ⑫보다 포유동물 범주를 더 넓게 포괄하고 있다. 돌고래와 소가 동일한 신경전도물질을 사용하고 있다면, 모든 포유동물이 그 물질을 사용할 가능성이 더 크기 때문에 토끼도 당연히 그럴 것이라고 확신할 수 있다. 반면에 돌고래와 물개의 경우에는 모든 포유동물에 일반화하기가 쉽지 않기 때문에 결론의 확신도가 상대적으로 떨어진다. 요컨대, 전제 범주들이 상위 범주에서 다양성을 나타낼수록 상위 범주에 관한 귀납추리는 강력한 것이 될 수밖에 없으며, 그 상위 범주에 속하는 다른 하위 범주에 관한 귀납추리도 강력한 것이 된다.

발달적인 측면에서 전형성 효과와 유사성 효과는 상당히 일찍 출현하는 것으로 보이나, 포괄성 효과는 학령기에 접어들어서야 비로소 조금씩 나타나기 시작한다. 예컨대, 5세 이하의 유아들도 개로부터 모든 포유동물로의 귀납추리가 박쥐로부터 모든 포유동물로의 귀납추리보다 강력하다고 판단한다. 그렇지만 다양한 전제 범주를 첨가하여 포괄성을 증가시켜도 귀납 강도는 증가하지 않는다. 8세, 즉 초등학교 2학년 정도가 되어서야 귀납추리에서 부분적이나마 포괄성을 고려하게 된다. 말과 당나귀가 공유하는 속성보다는 말과 고양이가 공유하는 속성을 모든 동물이 가지고 있을 가능성이 크다고 판단한다. 그러나 특정 동물, 예컨대 너구리가 그 속성을 가지고 있을 가능성의 판단에서는 차이를 보이지 않는다. 즉, 포괄성을 특정 동물에까지 확장시키지는 못한다. 이 사실은 아동이 상위 수준에서 범주화하는 능력이 상당히 제한적임을 시사한다(Lopez, Gelman, Gutheil, & Smith, 1992).

2. 범주 기반 귀납추리 모형

오셔슨과 동료들(Osherson, Smith, Wilkie, Lopez, & Shafir, 1990)은 기본적으로 범주들 간의 유사성에 근거한 범주 기반 귀납추리 모형, 즉 유사성-포괄성 모형(similarity-coverage model)을 개발하였다.[5] 이 모형은 크게 두 부분으로 구성되어 있다.

첫째는 전제 범주들과 표적 범주 간의 유사성이다. 1절에서 제시하였던 예 ③과 ④를 다시 보자. 참새는 펭귄보다 다른 많은 새들과 평균적으로 더 유사하기 때문에(즉, 전형적인 새이기 때문에), 전제-결론 유사성이 ④보다 ③에서 더 크다.

둘째는 귀납 과제에 제시한 모든 전제 범주를 포함하는 바로 위의 상위 범주를 전제 범주들이 포괄하고 있는 정도, 즉 포괄성이다. 앞에서 보았던 것처럼 전제 범주들이 바로 위 상위 범주에서

----

5) 이 모형은 귀납추리 결과를 정량적으로 평가하기 위한 형식 모형(formal model)으로 개발된 것이다. 자세한 내용은 이 책의 범위를 넘어서는 것이기에 여기서는 개념적인 측면만을 간략하게 소개한다.

한쪽으로 치우쳤을 때보다 전반적으로 분포했을 때, 결론이 참일 가능성을 높게 평가한다. ⑨~⑫의 예를 함께 묶어서 생각해 보자. 만일 돌고래와 소 그리고 토끼가 모두 디헤드론이라는 신경전도물질을 사용한다는 사실을 알고 있다면, 모든 포유동물이 디헤드론을 사용할 것이라고 확신할 수 있을 것이다. 반면에 돌고래와 고래 그리고 물개가 디헤드론을 사용한다는 사실을 알고 있다면, 모든 포유동물에 일반화시키기가 쉽지 않을 수 있다. 일반적으로 전제 범주들이 상위 범주에서 다양하게 분포되어 있을수록 귀납추리는 강력한 것이 될 수밖에 없다. 포괄성은 전제 범주들의 상위 범주에 대한 판단뿐만 아니라 전제 범주들과 동일한 위계 수준에 위치한 표적 범주에 대한 판단에서도 작동한다.

유사성-포괄성 모형은 이 장에서 소개한 전형성 효과, 유사성 효과, 포괄성 효과를 포함하여 범주 기반 귀납추리에서 나타나는 다양한 현상을 비교적 잘 설명하고 있다. 심지어는 귀납추리의 오류 현상도 설명할 수 있다. 다음의 예를 보자.

⑬ 전제: 참새는 척골 동맥을 가지고 있다.
　결론: 새는 척골 동맥을 가지고 있다.

⑭ 전제: 참새는 척골 동맥을 가지고 있다.
　결론: 타조는 척골 동맥을 가지고 있다.

일반적으로 사람들은 ⑬의 결론이 ⑭보다 더 강력한 것이라고

판단한다. 즉, 결론의 표적 범주가 전제 범주와 동일한 위계 수준
에 존재할 때보다 상위 범주일 때 타당성이 더 높다고 판단하는 것
이다. 그렇지만 이것은 논리적으로 오류일 수밖에 없다. 모든 새
에게 적용되는 속성이라면 엄연히 새인 타조에 있어서도 참이어
야 한다. 유사성-포괄성 모형은 이러한 오류도 설명할 수 있다.
⑬과 ⑭에서 전제는 동일하기 때문에 포괄성에서는 차이가 없다.
그렇지만 전제 범주와 표적 범주 간의 유사성은 동일하지 않다.
⑬에서는 그 유사성이 매우 큰 반면, ⑭에서는 매우 작다. 이러한
오류는 ⑭에서처럼 전제 범주의 전형성이 높고 표적 범주의 전형
성이 낮을 때 자주 일어난다. 아무튼 사람들은 추리 과정에서 형식
논리를 따르지 않는다.

　그렇지만 유사성-포괄성 모형이 모든 범주 기반 귀납추리를 설
명하는 것은 아니다. 이 모형에 대한 비판은 기본적으로 유사성을
어떻게 정의해야 할 것인지에 초점을 맞추어 왔다. 두 범주 또는
두 사례 간의 유사성은 어떤 조망을 취하느냐에 따라서 크게 달라
질 수 있다. 동물들은 생물학적 특성에서 유사하거나 그렇지 않을
수도 있으며, 행동과 서식 환경에서 유사하거나 그렇지 않을 수도
있다. 예컨대, 고래와 상어는 행동과 서식 환경에서는 매우 유사하
지만, 생물학적 특성에서는 상당히 다르다. 반면에 고래와 코끼리
는 그 반대다. 다음의 예를 보자.

⑮ 다랑어(또는 토끼)의 혈액 속에 2~3%의 칼슘이 들어 있다면, 돌고래의 혈액 속에 2~3%의 칼슘이 들어 있을 가능성은 얼마나 되겠는가?

⑯ 다랑어(또는 토끼)가 일반적으로 한 번에 상당한 양의 먹이를 구하는 특성을 가지고 있다면, 돌고래가 일반적으로 한 번에 상당한 양의 먹이를 구할 가능성은 얼마나 되겠는가?

사람들이 다랑어 진술의 경우에는 ⑯이 ⑮보다 가능성이 더 높은 것으로 판단하는 반면에, 토끼 진술의 경우에는 ⑮가 ⑯보다 가능성이 더 높은 것으로 판단한다. 다랑어와 돌고래는 생물학적 특성에서는 유사하지 않지만, 행동이나 서식 환경은 매우 유사하다. 반면에 토끼와 돌고래는 생물학적 특성에서는 유사하지만, 행동이나 서식 환경은 전혀 유사하지 않다. 따라서 생물학적 특성에 관한 진술의 경우에는 토끼와 돌고래 간의 유사성이 높고, 행동적 특성에서는 다랑어와 돌고래 간의 유사성이 높아진다. 사람들은 유사성을 판단할 때, 배경지식을 역동적으로 사용하여 특정한 속성에 초점을 맞출 수 있는 능력을 가지고 있다. 이러한 관점에서 볼 때, 귀납추리는 '전제 범주와 표적 범주의 속성 중에서 추론해야 할 내용과 부합하는 속성들을 찾는 적극적인 인지 과정'(Heit & Rubenstein, 1994, p. 420)이라고 할 수 있다. 다시 말해서 유사성의 계산은 개념들이 가지고 있는 모든 속성에 근거하기보다는 주어진 정보와 부합하는 속성에만 근거한다.

사람들이 귀납추리를 할 때 유사성과는 전혀 다른 근거를 사용

하는 경우도 많이 있다. 2장 4절에서 보았던 기본 수준 효과가 귀
납추리에서도 나타난다. 예컨대, 흰머리독수리로부터 독수리로
일반화하는 귀납추리에는 동의하는 경향이 크지만(여기서 독수리
가 기본 수준이다), 독수리로부터 새 일반으로의 귀납추리는 상대적
으로 잘 받아들이려 하지 않는다(Coley, Medin, & Atran, 1997). 두
범주가 주제적 관계를 형성하고 있는 경우에도 분류학적 유사성
보다는 그 주제적 관계가 귀납추리의 가능성에 더 큰 영향을 미친
다. 예컨대, 집고양이가 신종 박테리아를 가지고 있다고 할 때, 사
람들은 같은 속(屬)에 속하는 사자보다는 강아지가 그 박테리아를
가지고 있을 가능성이 더 크다고 판단한다. 칫솔에서 신종 박테리
아가 발견되었다면, 유사성이 큰 헤어브러쉬보다는 주제적 관계
가 있는 치아에 대한 귀납추리를 더 잘 받아들인다. 박테리아는 공
간적으로 근접한 것으로 쉽게 전파된다는 사실에 근거하여 가까
이 있는 것들이 박테리아를 공유할 가능성이 크다고 판단하는 것
이다(Lyn & Murphy, 2001).

3. 범주 기반 귀납추리에 대한 실험 연구의 문제점

어떤 대상을 사과로 범주화한다면, 사과는 일반적으로 먹을 수
있는 것이기 때문에 먹으려고 할 수 있다. 낱개의 사과를 경험할
때마다 먹을 수 있는지를 검증할 필요 없이(예컨대, 먹기 전에 사과

한 조각을 강아지에게 주어 본다) 사과 범주에 대한 지식에 근거하여 일반화할 수 있는 능력은 삶을 영위하는 데 있어서 가장 기본적이면서도 중요한 것이다. 그런데 만일 그 대상이 사과인지를 확신할 수 없다면 어떤 일이 벌어질까? 예를 들어, 괴상망측하게 생겨서 사과 같기도 하고 아닌 것 같기도 하다거나, 너무 멀리 떨어져 있거나 조명이 어두워서 정확하게 볼 수 없다면 말이다. 이 경우에는 한입 베어 물거나 냄새를 맡아 보거나 손으로 만져 보거나 해서 정확하게 범주화하고자 시도할 수 있지만, 일상적 삶의 다른 많은 경우에는 이렇게 하는 것이 여의치 않을 수 있다. 예컨대, 신형 차를 구입하였는데 브레이크를 밟을 때 야릇한 느낌이 든다면, 신형이라서 그런 것인가 아니면 고장이 나서 그런 것인가? 파티에서 만난 시끌벅적한 사람은 단지 외향적인 사람인가 아니면 조증 환자인가? 때때로 우리는 범주화가 확실하지 않은 상태에서 귀납추리를 해야만 한다. 앞에서 보았던 예들과 유사한 귀납 과제를 사용한 거의 모든 실험 연구는 이러한 문제를 다루지 않는다. 일반적으로 "참새는 척골 동맥을 가지고 있다."와 같이, 범주 구성원 여부를 이미 명확하게 규정하여 제시한다. 어떤 대상이 참새인지 아닌지는 문제가 되지 않는다.

앞의 장에서 다루었던 것처럼 개념은 정의적 속성을 가지고 있지 않다. 즉, 개념의 모든 사례가 가지고 있는 보편적 속성은 존재하지 않는다. 예컨대, 대부분의 새는 날아다니지만, 어떤 새들은 그렇지 않다. 많은 의자는 나무로 만들고 쿠션이 있지만, 또 다른 많은 의자는 그렇지 않다. 그럼에도 불구하고 범주 기반 귀납추리 실험 연구에서는, "참새는 척골 동맥을 가지고 있다."와 같이, 마치 속성이 모든 구성원에게 보편적 참인 것처럼 제시한다. 정의적이지 않고 오직 특징적인 속성들에 대한 귀납추리는 실험 연구에서 제대로 다루어지지 않았다. 한 가지 가능성은 범주에서 관찰한 빈도에 비례해서 속성의 강도를 귀납추리하는 것이다. 만일 관찰한 새 중에서 90%가 날아다닌다면, 새롭게 제시하는 새는 .90의 확률로 날아다닐 것이라고 추론할 수 있다. 물론 사람들의 예측이 관찰한 확률과 완벽하게 일치한다는 의미는 아니며, 단지 그 관찰 확률에 비례할 것이라는 제안이다.

범주화도 확실하지 않으면서 속성도 보편적인 것이 아닐 때, 어떤 일이 일어나겠는가? 만일 지금까지 경험한 사과의 50%가 달콤하였는데 주어진 대상이 사과인지 여부를 확신할 수 없다면, 그 대상이 달콤할 가능성은 얼마나 되겠는가? 사과인지의 여부가 확실하지 않기 때문에 그 가능성이 50%라고 말할 수 없다. 어떤 대상 X가 속성 F를 가지고 있는지 알고자 하는데 X가 어느 범주에 속하는지를 확신할 수 없을 때, 앤더슨(Anderson, 1991)은 다음과 같은 과정이 진행될 것이라고 제안한다. 즉, X가 속할 가능성이 있는 모든 범주에 대해서, 각 범주가 속성 F를 가지고 있을 확률을 확인한다. 그런 다음에 X가 각 범주의 구성원일 확률을 확인한다. 마지막으로 대응되는 확률을 서로 곱하여 모두 더하면 X가 F를 가지고 있을 확률을 얻게 된다는 것이다. 여기서는 수식으로 표현하는 것이 더 이해하기 쉽다.

다음과 같은 가상적인 상황을 생각해 보자. 어떤 이유에서든 대상 X를 명확하게 범주화할 수 없는데, 사과이거나 배이거나 복숭아이거나 석류일 수 있기 때문이며, 각 범주의 사례들이 달콤할 확률은 다음과 같다.

$$P(X \rightarrow 사과)\ .60 \qquad P(사과 \rightarrow 달콤)\ .50$$
$$P(X \rightarrow 배)\ .25 \qquad P(배 \rightarrow 달콤)\ .90$$
$$P(X \rightarrow 복숭아)\ .10 \qquad P(복숭아 \rightarrow 달콤)\ .80$$
$$P(X \rightarrow 석류)\ .05 \qquad P(석류 \rightarrow 달콤)\ .05$$

이 경우에 X가 달콤할 확률은 다음과 같이 계산할 수 있다.

$$P(X \rightarrow 달콤) = \Sigma\,[P(X \rightarrow 각\ 범주) \times P(각\ 범주 \rightarrow 달콤)]$$

이 공식에 앞의 확률값들을 넣고 계산하면, P(X→달콤)＝.6075가 된다. 비록 X가 사과일 가능성이 가장 높다고 하더라도, 배나 복숭아일 가능성도 상당한 영향을 미치고 있는 것이다. 만일 X가 사과일 가능성이 1.0에 가깝다면, 나머지 범주의 영향은 상대적으로 줄어들게 된다. 여기서 한 가지 주의할 사항은 사람들이 머릿속에서 실제로 이러한 확률 계산을 한다고 주장하는 것이 아니라 범주화가 불확실할 때 몇 가지 대안을 고려할 수 있다는 것을 보여 주려는 것이다.

　사람들은 이러한 상황에서 여러 대안적 범주를 고려하여 귀납 판단을 하는가? 대상 인물의 범주화를 확신할 수 없으며 범주들이 특징적 속성들만을 갖는 자연스러운 시나리오를 만들어 실험 참가자에게 제시하고, 그 대상이 특징적 속성을 나타낼 가능성을 판단하게 하였던 여러 실험 연구는 앤더슨(1991)과 같은 생각이 타당하지 않다는 결과를 내놓고 있다. 범주화가 불확실한 상황에서도 사람들은 일반적으로 가장 가능성이 높은 범주에만 초점을 맞추는 경향이 있다. 거의 강제로 대안적 범주들을 고려할 수밖에 없도록 만드는 경우에만 그렇게 한다.

　귀납추리에서 대안적 범주들을 사용하지 않는 이유는 제한된 정보처리 용량이나 능력의 부재 때문만은 아니다. 단지 많은 경우에 자발적으로 그렇게 하지 않는 것이다. 이 사실이 시사하는 바는 인지 과정에서 범주화가 생각보다도 더욱 중요한 역할을 담당한다는 것이다. 즉, 불확실한 상황에서조차도 대상의 범주화가 후속하는 인지 과정을 주도한다. 그렇다면 이것은 귀납추리에서 우리가 범하는 오류를 나타내는 것인가? 가장 이상적인 상황과 비교한다면 그렇다고 볼 수 있겠지만, 이러한 처리 방식의 효과는 우리가 범주 정보를 전혀 사용하지 않을 때와 비교하는 것이 오히려 더 타당하다고 볼 수 있다. 다시 말해서 확신할 수 없음에도 불구하고 단일 범주에 지나치게 의존하는 것이 대안적 범주들을 모두 고려하는 것만큼 정확하지는 않겠지만, 우리가 일상의 삶에서 수행하는 대부분의 범주화가 일반적으로 정확한 것이기 때문에 나름대로 효율적이고 유용한 귀납추리 과정이라고 볼 수 있다. 이 문제는 2장 1절에서 논의하였던 판단과 의사 결정에서 사람들이 사용하는 전략인 발견법(heuristic)이 연산법(algorithm)과 차이를 보이는 것에서 유추할 수 있다.

4. 범주 기반 귀납추리의 발달

개념과 범주 기반 귀납추리의 발달 연구는 우리가 지식을 획득하는 방법에 관한 생득론과 경험론의 오래된 철학적 논쟁과 맥을 같이 한다. 물론 발달심리학 연구가 당장 이 논쟁을 종식시킬 수는 없겠지만, 궁극적으로 이 논쟁에 답하는 데 있어서 중요한 역할을 할 것이라고 기대할 수 있다. 발달심리학 연구는 어른들이 가지고 있는 지식이 어떠할 수밖에 없다는 제약을 가해 준다는 점에서도 중요하다. 피아제(J. Piaget) 이후 아동의 인지 발달과 개념 발달에 관한 연구가 헤아릴 수 없을 정도로 많이 수행되어 왔기에 그 내용들을 모두 언급할 수는 없다. 여기서는 돌 이전 유아들의 개념 획득과 아동의 범주 기반 귀납추론 능력에 관한 기본적인 내용만을 간략하게 소개한다.

1) 유아의 개념 획득

예상치 않은 새로운 자극이 출현하면 사람들은 그것에 주의를 기울이며 자율신경계의 교감신경계가 작동하여 그 자극에 적극적으로 대처하려는 생리적 변화를 나타낸다. 이것을 '정향반사(orienting reflex)'라고 부른다. 그런데 자극이 위험한 것이 아니며 반복적으로 나타난다면, 더 이상 그 자극에 주의를 기울이지 않게 되는데, 이것을 '습관화(habituation 또는 둔감화)'[6]라고 부른다. 습관화가 이루어진 상태에서 또 다른 새로운 자극이 출현하거나 시간이 많이 경과한 후에 동일한 자극이 다시 나타나면 다시 주의를 기울이는 정향반사가 나타나는데, 이것을 '탈습관화(dishabituation)'라고 부른다.

돌이 지나지 않은 유아의 경우는 어떨까? 유아의 경우도 마찬가지다. 새로운 자극에 정향반사를 보이며, 그 자극이 반복해서 나타나면 습관화를 나타내고, 또 다른 새로운 자극이 출현하면 탈습관화를 나타낸다. 언어를 통한 의사소통이 불가능한 유아를 대상으로 이들의 지각, 기억, 개념 등을 검증하는 데 있어서 습관화(또는 탈습관화) 실험 패러다임만큼 획기적인 연구 방법론도 없다. 실제로 유아의 인지 능력이 생각하였던 것보다 엄청나다는 사실을 밝

---

6) '기찻길 옆 오막살이 아기 아기 잘도 잔다'는 동요의 한 구절은 전형적인 습관화의 한 예를 보여 준다. 아기가 처음부터 기차의 기적소리나 바퀴소리를 무시하지는 못하였을 것이다. 습관화는 유기체가 환경에 적응하여 생존하는 데 매우 중요한 기제다. 주의를 기울이고 교감신경계가 작동하는 데도 많은 에너지가 소모된다. 생존과 무관한 자극에 쓸데없이 에너지를 소모하는 것은 전혀 적응적이지 못하다. 따라서 위해하지 않거나 자신과 무관하게 반복되는 자극을 무시하게 되는 습관화는 중요한 것이다.

혀낸 것은 20세기 후반부터 사용한 이 실험 패러다임의 덕이라고 해도 과언이 아니다.[7]

유아에게 토끼 인형을 보여 준다고 하자. 처음 보여 주었을 때는, 예컨대 7초간 응시하다가(정향반사) 시선을 다른 곳으로 돌린다. 이 과정을 반복하게 되면, 점차 5초, 3초 등으로 응시 시간이 줄어들게 된다. 즉, 습관화가 나타난다. 이제 새로운 자극, 예컨대 고양이 인형을 보여 준다면 유아는 어떻게 반응할까? 만일 토끼 인형과 고양이 인형을 구분할 능력이 없다면, 계속해서 습관화 반응을 보일 것이며(즉, 짧은 응시 시간), 구분할 능력이 있다면 탈습관화 반응을 보일 것이다(즉, 늘어난 응시 시간).

유아의 개념 획득을 밝히는 데도 이 기법을 사용할 수 있다. 예컨대, 동일한 토끼 인형이 아니라 매번 다르게 생긴 토끼 인형을 일곱 차례 제시한 후, 여덟 번째 시행에서 한 집단의 유아에게는 또 다른 토끼 인형을 제시하고 다른 집단에게는 고양이 인형을 제시하고 응시 시간을 측정한다. 이 여덟 번째 토끼 인형도 고양이 인형 못지않게 유아에게는 처음 제시되는 새로운 자극이라는 점에 주목하기 바란다. 만일 유아가 일곱 마리의 경험을 통해서 토끼의 일반화, 즉 토끼 개념을 획득한다면, 여덟 번째 시행에서 새로운 토끼보다는 고양이 인형을 더 오랫동안 응시할 것이다. 그렇지 않다면 응시 시간에서 차이를 보이지 않을 것이다.[8]

----

7) 물론 유아를 대상으로도 다양한 방법론을 사용한다. 그렇지만 거의 대부분의 방법론은 (탈)습관화 기법을 토대로 변형한 것들이라고 할 수 있다.

유아를 대상으로 (탈)습관화 기법을 사용하여 삼각형이나 사각형 등과 같은 도형 개념이나 인공적인 단순한 동물 개념의 획득 능력을 검증한 연구들이 수행되었다. 요컨대, 실험 자극의 복잡성이 유아의 정보 처리 능력을 넘어서지 않는 한에 있어서, 비교적 소수 사례들의 경험을 통해서 어렵지 않게 한두 개의 범주를 학습할 수

---

8) 주의 깊은 독자라면 다음과 같은 반론을 제기할지도 모른다. "새로운 토끼와 고양이에게 다른 반응을 보였다고 해서 유아가 토끼 개념을 획득하였다고 할 수 있는가? 너무나 지나친 비약이다." 이는 올바른 지적이다. 하나의 실험 결과를 가지고 대뜸 이러한 결론에 도달할 수는 없다. 이 실험 결과만을 가지고 내릴 수 있는 결론은 유아가 토끼와 고양이 인형을 구분할 수 있다는 것뿐이며, 진정으로 토끼 개념을 획득하였는지는 고양이가 아닌 또 다른 다양한 개념과도 대비시키는 실험을 수행한 후에야 비로소 판단할 수 있다. 동일한 주제에 대해서 많은 실험 연구를 수행해야만 하는 이유가 바로 이런 것이다. 언급하는 김에 한마디 덧붙인다면, 이 실험에 앞서 연구자는 유아가 여러 토끼 인형들을 지각적으로 구분할 수 있다는 사실을 확인하는 실험을 수행하여야만 한다. 만일 유아가 토끼 인형들을 모두 동일한 것으로 지각한다면, 토끼 개념을 획득한 것이라기보다는 그저 특정 토끼(유아의 입장에서 볼 때)를 특정 고양이와 구분하고 있는 것이 된다. 또 한 가지, 유아를 대상으로 연구하는 심리학자들에게 경의를 표하기를 기대한다. 여기에는 충분한 이유가 있다. 대학생을 비롯한 성인들이 심리학 실험에 참가할 때는 자신의 능력을 최대한으로 나타내려는 동기를 가지고 있으며, 과학 발전에 기여한다는 자부심 등으로 인해서 특별한 경우가 아닌 한 실험자의 지시에 충실하게 따른다. 그러나 유아는 과학에 별 관심이 없으며, 자신의 욕구에만 충실하게 반응한다. 이 시기의 유아는 보호자(대부분의 경우 어머니)에게 강력한 애착을 보이기 때문에, 제시하는 자극보다는 어머니에게 주의를 기울일 가능성이 크며, 낯선 실험실 환경과 실험자에게 낯가림을 하기 십상이다. 어렵게 실험을 시작하여도, 배가 고프거나 기저귀가 젖거나 몸이 불편하면 그냥 울어 버리며, 자리가 너무 편하면 쉽게 잠들어 버린다. 부모가 유아를 데리고 실험실까지 오도록 하는 것도 현실적으로나 재정적으로 보통 심각한 문제가 아니다. 이러한 역경을 헤치고 유아를 대상으로 연구 데이터를 얻는다는 것은 정말로 어려운 일이다.

있는 것으로 보인다.[9] 원형을 다른 사례들과는 다르게 취급하며, 경험하였던 특정한 사례들을 개별적으로 기억하기 어렵도록 인지적 부담이 가해질 때 특히 그렇다. 범주를 학습할 때 제시하지 않았던 원형을 매우 친숙한 것으로 처리하는데, 이 사실은 유아가 범주를 학습하였다는 사실을 시사하는 것이다. 유아들의 범주 학습 능력이 정량적으로는 차이가 있지만 정성적인 측면에서는 성인의 것과 다르지 않은 것으로 보인다.

유아의 자연 범주 획득에 관한 연구도 많이 수행해 왔다. 이 연구들의 일차적 목표는 유아가 언제 다양한 유형의 범주를 학습할 수 있는지를 확인하고, 그 학습에 영향을 미치는 요인들을 확인해 보려는 것이다. 인공 범주의 경우와 마찬가지로 자연 범주의 획득에서도 유아는 상당한 유능성을 보인다. 예컨대, 생후 3개월이면 고양이와 강아지 범주를 구분할 수 있으며, 6~7개월이면 고양이를 호랑이와 사자 범주와 구분할 수 있다(Eimas & Quinn, 1994). 동물 범주를 학습하는 경우에 유아는 신체 정보보다는 얼굴 정보에 주목하며, 기본 수준 범주를 다른 수준 범주들보다 더 쉽게 학습한다.

첫돌을 전후해서 말을 하기 시작하는 아동들이 처음에는 소수의 어휘만을 사용한다. 그러나 사용하는 단어의 수가 50개 정도가 되

---

9) 제2장 4절에서 다룬 바와 같이, 일반적으로 새로운 범주를 학습할 때는 실험 참가자가 우선 주어진 대상을 범주화하고 실험자가 그 진위에 관한 피드백을 주면서 진행된다(지도 학습). 그렇지만 유아의 경우에는 원활한 의사소통이 불가능하기 때문에 거의 전적으로 피드백 없이 자율적으로 사례 경험을 통하여 범주를 학습하는 방법을 사용한다(자율 학습).

는 생후 18개월 이후에는 어휘의 성장 속도에 가속도가 붙어 소위 어휘 폭발(vocabulary spurt) 현상이 나타난다. 이것이 가능한 이유 는 아동이 학습할 어휘에 대응하는 개념들을 이미 보유하고 있기 때문이다. 따라서 아동에게 필요한 것은 이미 알고 있는 개념에 언 어적 표지를 붙이는 것이다(Mervis, 1987). 물론 어휘를 먼저 학습 하고, 그 어휘와 대응되는 개념을 획득하는 경우도 적지 않다.

2) 아동의 범주 기반 귀납추리

앞서 언급한 바와 같이, 개념의 가장 중요한 기능 중 하나가 새 로운 사례에 귀납추리를 할 수 있게 해 주는 것이다. 어떤 대상을 개로 범주화한다면, 비록 처음 보는 개라고 하더라도, 밥 먹는 것 을 방해한다거나 꼬리를 갑자기 잡아당겼다가는 큰 불상사가 일 어날 수 있다는 사실을 곧바로 추리할 수 있다. 비록 모든 개가 그 렇지는 않을 수도 있겠지만, 대부분의 개가 이러한 속성을 가지고 있다는 사실을 알고 있기 때문에, 특별한 경우가 아닌 한 우리는 새로운 개에게 그렇게 위험한 행동을 하지 않기 십상이다. 그렇다 면 아동은 이러한 범주 기반 귀납추리 능력을 얼마나 가지고 있는 가?

독자들도 예상하겠지만, 아동은 상당히 이른 시기부터 새로운 범주 사례에 대한 귀납추리를 수행할 수 있다. 처음 보는 그림책도 펼쳐 볼 수 있고 새로운 과자도 손으로 집어 먹을 수 있으며, 새로 운 공도 손으로 집어 던질 수 있는 등의 일상적 행위들도 기존 지

식에 근거한 간단한 귀납추리라고 할 수 있다. 생후 10개월 전후
의 유아에게 뒤집으면 소 울음소리가 나는 원통형 장난감을 주면,
그 사실을 스스로 발견할 수 있겠는가? 대부분의 유아는 장난감을
가지고 노는 과정에서 그 사실을 발견하고는 즐거워한다.[10] 이제
생긴 것은 비슷하지만 색깔이나 패턴이 다른 원통형 장난감을 주
면, 어떻게 반응하겠는가? 만일 두 번째 것도 뒤집어 보려고 시도
한다면, 유아가 새로운 장난감에 대해서 추론을 하고 있는 것이라
고 볼 수 있다. 두 번째 장난감이 결코 소 울음소리를 내지 않는 경
우에도 그렇게 한다는 사실은[11] 유아가 두 장난감 간의 유사성을
파악할 수 있을 뿐만 아니라 동일한 범주의 사례들로 범주화하여
보이지 않는 속성에 대해서 추론하고 있음을 시사하는 것이다
(Baldwin, Markman, & Melartin, 1993).

　이제 언어적 의사소통이 가능한 아동을 대상으로 조금 더 복잡
한 귀납추론 과제를 수행한다고 가정해 보자. 아동들에게 [그림
3-1]의 윗부분에서 보는 것과 같은 한 마리의 새(예컨대, 플라밍고)

---

10) 물론 아이가 말로 즐거움을 표현하는 것은 아니다. 소리가 날 때의 얼굴 표
정이나 신체 반응, 그리고 소리가 나도록 장난감을 자꾸 뒤집으려는 시도
등을 통해서 그 사실을 알 수 있다.
11) 만일 두 번째 제시한 장난감도 뒤집으면 소 울음소리가 나는 것만 사용한다
면, 뒤집는 행위가 범주 일반화 때문인지, 아니면 두 번째 장난감이 내는 소
리 때문인지를 구분할 수 없게 된다. 마찬가지로 실제 실험에서는 뒤집어도
소 울음소리가 나지 않는 첫 번째 장난감을 경험하는 통제집단이 필요하다.
즉, 첫 번째 장난감이 소리를 내지 않는 경우보다 소리를 내는 경우에 두 번
째 장난감을 더 많이 뒤집어 보는지를 확인해 보아야 한다.

[그림 3-1] **아동의 범주 기반 귀납추리 연구에서 사용한 그림의 예**(Gelman & Markman, 1986, 1987에서 인용)

와 박쥐 그림을 보여 주면서, 각 사례에 대하여 새로운 사실을 알려 준다. 예컨대, 새는 아기 새에게 벌레를 잡아다 먹이며, 박쥐는 아기 박쥐에게 젖을 먹인다고 알려 준다. 이제 세 번째 그림(아래 그림)을 제시하는데 생김새는 박쥐같이 보이지만, 또 다른 새라고 알려 주면서, "이 새를 보세요. 이 새는 처음에 보았던 새처럼 아기에게 벌레를 잡아다 먹일까요, 아니면 박쥐처럼 젖을 먹일까요?"라고 묻는다(동일 범주 구성원 여부를 지각적 유사성과 대비시키는 것이다). 아동은 어떻게 반응하겠는가? 2세 아동은 지각적 유사성에 근거하여 반응할 가능성이 크지만(예컨대, 박쥐처럼 생겼기 때문에 박쥐 같은 행동을 한다고 답한다), 3세 이후의 아동은 일반적으로 범주에 근거하여 반응하는 경향성을 나타냈다. 즉, 동일한 범주의 사례들은 지각할 수 없는 속성들을 공유한다는 가정에 따라 귀납추리를 한다(Gelman & Markman, 1986, 1987).

여기서 중요한 사실 중 하나는 이 연령의 아동이 모든 속성에 대해서 범주 기반 귀납추리를 하는 것은 아니라는 점이다. 펭귄을 동물원에서 처음 보았는데, 자고 있다고 해서 모든 펭귄은 동물원에 산다거나 모든 펭귄은 잠을 잔다고 추론하지는 않는다는 것이다. 즉, 아동들도 생물학적 속성이나 행동적 속성은 동일 범주에 속하는 다른 사례에 일반화시키지만, '지저분하다'와 같이 피상적인 속성까지 귀납추리를 하지는 않는다. 이 사실은 비록 표현은 할 수 없다고 하더라도 아동들도 생물학적 본질을 이해하고 있다는 것을 시사한다. 나아가서 아동들은 범주 유형에 따라서 귀납추리하는 속성을 달리한다. 예컨대, '속에 펩틴이 있다.'와 같은 속성은 생물 범주의 다른 사례에 일반화하는 경향이 있는 반면에, '조미료 만드는 데 사용한다.'와 같은 기능적 속성은 인공물 범주에 적용하는 경향이 있다. 심지어 펩틴이나 조미료가 무엇인지 모르는 경우에도 그렇다.

어른의 경우와 마찬가지로 아동들도 배경지식의 정도에 따라서 추론하는 내용에서 차이를 보인다. 배경지식이 많은 아동은 범주에 근거하여 관찰할 수 없는 속성에까지 귀납추리를 확장하는 반면에, 그렇지 않은 아동은 지각 가능한 속성에만 근거한 귀납추리를 하기 십상이다. 예컨대, 아동들에게 전혀 새로운 공룡의 모형을 보여 주고 그 공룡에 대해서 이야기를 하게 하면, 배경지식이 많은 아동은 "이 녀석은 육식동물이기 때문에 아주 위험해요."라고 말하는 반면, 그렇지 않은 아동은 "긴 다리가 있어서 빨리 달려요."
라고 말하기 십상이다. '나무베개'나 '유리가위'처럼 재료와 대상
을 새롭게 결합시킨 복합 개념에서도 어떤 속성이 어떤 개념에서
유래한 것인지를 판단할 능력을 가지고 있다. '나무는 딱딱하다.'
와 '베개는 푹신하다.'는 알고 있지만 나무베개는 알지 못하는 아
동에게 나무베개가 딱딱한지 아니면 푹신한지, 그리고 어디에서
사용하는 것인지를 묻는다면 어떻게 답하겠는가? 만일 아동이 '베
개는 베개다.'라고만 생각한다면, '베개는 푹신하다.'는 지식에 근
거하여 나무베개도 당연히 푹신하다고 판단할 것이다. 그러나 3세
아동조차도 나무베개는 (나무로 만들었기 때문에) 딱딱할 것이지만,
(베개이기 때문에) 침실에서 사용할 것이라고 반응하는 경향을 보
인다.

　이러한 결과는 아동이 상이한 속성들은 상이한 범주에서만 귀납
추리할 수 있다는 상당히 세련된 지식과 능력을 가지고 있다는 사
실을 보여 준다. 3세 수준의 아동조차도 어떤 범주 영역에서 어떤
속성들을 일반화할 수 있는지 알고 있다. 물론 아동들이 이 사실을
언어로 표현할 수 있다는 말이 아니라, 귀납 과제를 수행한 결과를
보면 그러한 결론에 도달할 수밖에 없다는 뜻이다. 그렇지만 1절
에서 본 바와 같이, 범주 기반 귀납추리에서 전형성 효과와 유사성
효과는 상당히 일찍부터 나타나지만, 포괄성 효과는 학령기에 접
어들어서야 비로소 조금씩 나타나기 시작한다.

5. 결론 및 요약

범주 기반 귀납추리는 개념 정보의 사용에서 매우 중요한 측면
이다. 그럼에도 불구하고 개념의 획득과 범주화 같은 영역에 비해
상대적으로 인지심리학자들의 주의를 끌지 못했다. 아마도 가장
큰 이유는 범주 기반 귀납추리가 단순하고도 명백한 인지 과정이
라고 치부해 왔기 때문일 것이다. 만일 스쳐 지나가는 대상이 고양
이라면, 당연히 꼬리가 있고 네 발이 달려 있을 것이다. 이 귀납추
리에는 물론 아무런 문제가 없다. 오서슨 등(1990)이 제안한 유사
성-포괄성 모형은 인지심리학 실험실에서 밝혀낸 여러 현상, 예
컨대 전제 범주의 전형성 효과, 전제 범주와 표적 범주 간의 유사
성 효과, 범주의 포괄성 효과 등을 잘 설명해 준다. 이 모형에 따르
면, 범주 구성원 여부, 그리고 유사성이 귀납추리에서 가장 중요하
다. 심지어 과제에서 범주가 언급되지 않는 경우에도 그렇다.

그렇지만 귀납추리에서 사용하는 개념과 그 속성들 그리고 그들
간의 관계가 항상 이렇게 단순한 것은 아니다. 그 대상이 어느 범
주에 속하는지를 확신하지 못할 수도 있으며, 거의 모든 속성은 정
의적이기보다는 특징적이어서 모든 범주 구성원에 적용되지 않을
수 있다. 심지어는 범주 정보를 넘어서서 주제적 관계 정보와 같은
배경지식이 귀납추리에서 우선하는 경우도 많이 있다. 범주 기반
귀납추리가 인지심리학자들의 관심을 끄는 중요한 이유 중 하나

가 바로 이러한 복잡성이다.

범주 기반 귀납추리 능력은 상당히 일찍이 출현한다. 돌 이전의 유아도 기본적인 귀납추리를 수행하며, 학령전 아동들은 피상적 유사성보다는 생물학적 본질에 따라서 귀납추리를 하는 경향을 보인다. 아동의 경우에도 가지고 있는 배경지식이 귀납추리의 내용에 영향을 미친다. 제시한 범주에 대해서 상대적으로 지식이 많은 아동은 지각적 속성을 넘어서는 추리를 하는 반면, 지식이 없는 아동은 그 추리를 지각적 속성에만 국한하는 경향을 보인다.

INTRODUCTION TO PSYCHOLOGY

04_

개념 결합

'선인장 물고기'라는 표현을 들어본 적이 있는가? 만일 처음 듣는다면, 무슨 뜻이겠는가? 선인장을 먹고 사는 물고기? 선인장처럼 뾰족뾰족한 가시가 있는 파란 색깔의 물고기? 아니면 또 다른 어떤 것이 있을까? 정답은 없다. 모든 것이 가능하다. 우리가 이미 특정한 의미로 사용하고 있는 복합어 표현이 아니라면, 이렇게 두 개 이상의 단어, 특히 명사를 결합하여 새로운 개념을 지칭하는 데 사용할 수 있다.

지금까지는 주로 하나의 개념을 어떻게 기억에 표상하며 처리하는 것인지의 문제를 다루었다. 그러나 단순 개념들이 결합하여 복합 개념을 형성하는 것도 지식 표상에서 핵심적인 문제의 하나다. 기존에 존재하는 개념들을 결합하여 새로운 복합 개념을 형성하는 것은 우리의 지식 체계를 확장하고 개선해 나가는 가장 중요한 방법 중 하나이기 때문이다. ……인간의 언어에서 제한된 수의 어휘를 통사 규칙에 따라 결합함으로써 무한한 수의 문장을 생성해 낼 수 있는 것과 마찬가지로, 제한된 수의 개념을 개념의 통사 규칙에 따라 무한한 수의 복합 개념을 생성함으로써 인간 사고는 무한한 융통성과 창의성을 발휘할 수 있는 것이다. 이렇게 볼 때 개념 결합의 문제를 밝히는 것은 바로 인간 사고의 문제를 해결하는 지름길이 될 수 있다(신현정, 2002).

우리는 새로운 생각을 표현하거나 새로운 대상이나 상황을 지칭하기 위해서 친숙한 단어들을 새로운 방식으로 결합한다. 듣거나 읽는 거의 모든 문장은 친숙한 단어들의 새로운 결합이라고 해도 과언이 아니다. 이러한 단어들 간의 합성 또는 결합이야말로 언어의 가장 중요한 기제라고 할 수 있다. 언어의 보편적 특징 중 하나가 바로 새로운 결합을 생성할 수 있는 것이며, 듣거나 읽는 사람도 그 결합을 이해하는 데 아무 문제가 없다.

제1장 4절에서 본 바와 같이, 대부분의 단어가 개념적 구조에 근거하여 의미를 갖는다고 가정할 때, 이러한 합성성(compositionality)을 지식 표상에도 똑같이 적용할 수 있다. 즉, 언어에서 복합어를 만들어 사용하는 경우와 마찬가지로 새로운 표상을 만들어 내기 위해서 개념들을 결합할 수 있다. 기존에 존재하는 개념들을 결합하여 새로운 복합 개념을 표현하거나 이해하는 것은 우리의 지식 체계를 확장하고 개선해 나가는 가장 중요한 과정 중의 하나다. 최근 매스컴에 자주 등장하는 새로운 결합의 예를 보면, '조류 독감' '컴퓨터 바이러스' '부동산 투기' '역사 왜곡' 등 헤아릴 수 없을 정도다.[1]

명사–명사 개념 결합은 구조적으로 수식 개념과 주 개념의 두

---

[1] 개념 결합 또는 복합어가 반드시 두 개의 개념 또는 단어가 결합하는 것은 아니다. 보다 많은 개념이나 단어가 결합할 수 있다. 여기서는 개념 결합을 보통명사로 표현할 수 있는 두 개념 간의 결합으로 국한한다. 그리고 여기서 다루고자 하는 것은 기존의 복합어를 어떻게 처리하느냐의 문제가 아니라 처음 접하는 개념 결합을 사람들이 해석하고 이해하는 방식이다.

성분 개념으로 구성된다. 앞에서 본 바와 같이 개념 결합은 매우 다양한 방식으로 해석할 수 있기 때문에 근본적으로 다의적이다. 이론적으로는 무한한 방식으로 해석할 수 있지만, 일반적으로 사람들이 수행하는 해석 유형은 크게 교집합 해석, 주제적 관계 해석, 그리고 속성 대응 해석의 세 가지 유목으로 나누어 볼 수 있다. 교집합 해석이란 말 그대로 두 성분 개념의 교집합으로 해석하는 것인데, 실제 사용 빈도는 매우 적다. 예컨대, '애완 곤충'을 '애완 물이면서 동시에 곤충'인 집합으로 해석하는 것이다. 주제적 관계 해석은 두 성분 개념 간에 새로운 관계를 부여하는 것이다. 예컨대, '아파트 강아지'를 '아파트에서 기르는 강아지'로 해석하는 것이다. 속성 대응 해석은 수식 개념이 가지고 있는 적어도 한 가지 이상의 속성을 주 개념에 부여하는 것이다. 예컨대, '코끼리 물고기'를 코끼리가 가지고 있는 '매우 크다'와 '회색이다'라는 속성을 물고기에 부여하여 '매우 큰 회색 물고기'로 해석하는 것이다.

1. 개념 결합의 기능과 중요성

개념 결합은 무엇보다도 다음과 같은 네 가지 측면에서 중요성을 갖는다.

첫째, 언어가 우리의 사고를 표현하는 것이라고 전제할 때, 우리가 사용하는 단어들이 제한되어 있듯이 사고를 구성하는 기본 개넘들의 수도 제한될 수밖에 없다. 그렇기는 하지만, 제한된 수의 단어들을 통사 규칙에 따라 결합함으로써 무한한 문장을 생성하거나 이해할 수 있는 것처럼 제한된 수의 개념을 사고의 통사 규칙 (만일 존재한다면)에 따라 결합함으로써 사고의 영역을 무한히 확장할 수 있다.

둘째, 개념 결합은 인간 사고의 창의성을 반영한다. 인간의 마음은 엄청난 창의적 시스템이라고 할 수 있다. 구체적 경험을 넘어서서 새로운 아이디어를 만들어 내는 능력이야말로 인간의 가장 현저한 특징 중의 하나다. 개념 결합이 작가, 예술가, 과학자 등과 같이 창조적인 작업을 수행하는 사람들에게 있어서 창의성의 한 가지 원천으로 사용되어 왔다는 사실은 잘 알려져 있다.

셋째, 개념 결합의 인지적 기제를 이해하는 것은 인공적 지적 행위자, 즉 인간을 대신할 수 있는 지능적 로봇의 개발과 개선에 필수적인 요소다. 인간과 적절하게 의사소통하며 인간의 화용론적 요구에 적합하게 대응할 수 있는 인공적 지적 행위자가 존재하기 위해서는 인간의 언어를 이해하고 생성할 수 있을 뿐만 아니라 개념 결합에 의한 새로운 표현의 진정한 의미를 파악할 수 있어야 한다.[2]

----
2) 인기를 끌고 있는 어떤 텔레비전 개그 프로그램에서 보면, 로봇 발명자와 '알통' '꼴통'이라는 이름의 로봇 간의 난센스 대화가 시청자들에게 웃음을 제공하고 있는데, 이것은 개그 프로그램에만 해당하는 것이 아니라 실제 인공지능 연구자들이 직면하고 있는 중요한 문제 중의 하나라고 할 수 있다.

넷째, 이론적인 측면에서 개념 결합 연구는 제1장 3절에서 소개하였던 개념에 관한 여러 가지 견해를 평가하는 또 다른 근거를 제공해 준다. 개념 결합이 우리의 삶에서 보편적인 현상이라고 할 때, 이 현상을 제대로 설명할 수 없는 견해는 타당성이 의심받을 수밖에 없다. 예컨대, 만일 원형 접근이나 본보기 접근이 직관적으로는 매우 타당해 보인다고 하더라도 개념 결합을 제대로 설명할 수 없다면, 이 현상을 보다 잘 설명할 수 있는 접근 방법에 자리를 내줄 수밖에 없다.

2. 개념 결합에 대한 여러 접근

해석 유형의 다양성, 즉 개념 결합의 다의성은 개념 결합 이론이 설명해야 하는 도전 과제다. 우수한 이론이 되기 위해서는 이러한 해석 유형들을 설명할 수 있어야 하며, 그 처리 과정을 밝혀내야 한다. 인지심리학 분야에서는 1980년대 이후에 개념 결합 현상을 설명하려는 여러 접근을 시도해 왔다. 몇 가지 대표적인 접근을 간략하게 소개한다.[3]

---

3) 보다 자세한 내용에 관심이 있는 독자라면, 신현정(2002) 제7장과 머피 (2004) 제12장을 참조하기 바란다.

1) 전통적 언어학적 접근

개념 결합에 대한 한 가지 전통은 흔히 외연적 분석(extensional analysis)이라고 일컫는 언어학적 접근이다. 한 단어의 외연이란 그 단어가 참조하는 대상들의 집합을 말한다. 예컨대, '안경'의 외연은 모든 안경의 집합이며, '빨강'의 외연은 모든 빨간 것들의 집합이다. 이 견해에 따르면, 개념 결합은 성분 개념 외연의 함수다. 즉, '빨강 안경'[4]은 빨강인 동시에 안경인 대상들의 집합이 된다. 이것은 전통적인 집합 이론적 접근으로 제1장 3절에서 소개한 고전적 견해를 반영한 것이다. 만일 성분 개념을 필요·충분 속성들의 집합으로 정의할 수 있다면, 개념 결합의 진위를 속성 개념의 진위에 근거하여 형식 논리에 따라 결정할 수 있다. 예컨대, "이것은 빨강 안경이다."라는 진술은 "이것은 빨강이다."와 "이것은 안경이다."가 참일 때는 논리적으로 참이 된다. 이 접근은 '빨강'과 같이 주 명사와는 독립적으로 그 의미가 결정될 수 있는 몇몇 형용사적 수식어에 적용할 수 있다. 그렇지만 '크다'와 같이 상대적 의미를 갖는 형용사 수식어의 경우에는 적용할 수가 없다. 예컨대, '커다란 다람쥐'는 단지 다람쥐 중에서 상대적으로 큰 다람쥐를 지칭하는 것이지, '큰 것'과 '다람쥐'의 교집합이 결코 아니다. 이러한 문제를 보완하기 위해서 퍼지집합(fuzzy set) 논리를 도입하여 설

---

4) 제대로 된 언어적 표현은 '빨간 안경'이 되겠지만, 여기서는 빨강과 안경의 결합이라는 의미에서 '빨강 안경'으로 표현한다.

명을 시도하고 있지만, 이 역시 개념 결합의 전형성을 설명할 수 없다는 심각한 문제가 있다. 특히 여기서 논의하고 있는 명사-명사 개념 결합의 현상을 다루지도 않는다.

2) 선택적 수정 모형

외연적 분석의 심리적 타당성을 밝히고자 시도한 초기의 대표적인 모형이 선택적 수정 모형(selective modification model)이다 (Smith, Osherson, Rips, & Keane, 1988). 이 모형은 개념을 스키마로 표상한다고 가정한다. 개념을 차원(슬롯)과 차원값(필러)들로 표상하며, 각 차원은 진단가, 즉 개념에서 갖는 중요도에서 다르며, 각 차원값은 실세계에서의 출현 빈도를 반영한다. 이 모형에 따르면, 개념 사례들의 전형성은 차원들의 진단가와 사례가 각 차원에서 갖는 차원값들이 결정한다. 두 성분 개념이 결합할 때 수식 개념은 주 개념을 표상하는 특정 차원의 진단가와 차원값을 선택적으로 수정하게 된다. 예컨대, '노랑'과 '사과'가 '노랑 사과'로 결합하는 경우, '사과'의 (색깔) 차원 진단가가 선택적으로 급격하게 증가하며, 색깔 차원에서 '노랑'이 모든 차원값을 차지하게 된다. 따라서 '사과' 개념에서는 빨간 사과가 더 전형적인 사례지만, '노랑 사과' 개념에서는 빨간 사과보다 노란 사과가 더 전형적인 사례가 된다.

선택적 수정 모형은 퍼지집합 논리가 가지고 있는 문제점을 비교적 매끈하게 설명해 주고 있으나 개념 결합 이론으로서는 몇 가지 심각한 문제점이 있다. 가장 큰 문제점 중 하나는 속성들 간의 상관성에 대해서 아무것도 알려 주지 못한다는 점이다. 많은 경우에 한 개념에서 특정 차원의 차원값이 변하게 되면, 다른 차원의 차원값도 변하기 십상이다. 예컨대, '숟가락' 개념에서 (소재) 차원의 차원값이 나무인가 아니면 금속인가에 따라서 (크기) 차원의 차원값도 함께 변하기 십상이다(Medin & Shoben, 1988).

이와 관련된 또 다른 문제점은 이 모형이 개념 결합 사례들의 전형성을 설명하는 데는 어느 정도 성공적이지만, 사례들의 범주화는 제대로 설명하지 못한다는 점이다. '노랑'과 '사과'가 결합하게 되면, '사과'에서 색깔 차원의 진단가가 증가하고, 모든 차원값이 노랑에 주어지게 된다. 따라서 색깔을 제외한 다른 모든 차원에서 전형적인 값을 가지고 있으면서도 단지 색깔이 노랑이 아닌 사과(예컨대, 빨간 사과)보다도 노란색의 다른 과일(예컨대, 바나나)이 '노랑 사과'의 더 전형적인 사례가 되기 십상이다. 그나마 이 모형은 수식 개념이 특정 차원만을 반영하는 형용사인 경우에만 적용될 수 있다는 한계가 있다.

3) 개념 상세화 모형

이 모형은 개념 결합의 해석이 주 개념에서 하나 이상의 차원을 수식 개념이 상세화하는 과정이라고 제안한다(Murphy, 1990). 앞서 보았던 선택적 수정 모형과 매우 유사하지만 그 모형이 '빨강'과 같이 하나의 차원을 나타내는 형용사가 수식 개념으로 사용되는 경우에만 국한된 반면, 이 모형은 형용사–명사뿐만 아니라 명사–명사 개념 결합까지 설명 영역을 확장하고 있다. 특히 다음과 같은 두 가지 측면에서 중요한 차이를 보이고 있다.

첫째, 주 개념에서 상세화할 슬롯(차원)을 선택하는 과정에서 배경지식이 관여한다고 가정한다. 일반적으로 명사 수식 개념은 여러 차원을 가지고 있는데, 어느 차원이 주 개념을 상세화할 것인지는 배경지식이 결정한다는 것이다. 예컨대, '컴퓨터 잡지'와 '컴퓨터 책상'에서 전자는 '컴퓨터를 주제로 하는 잡지'로, 그리고 후자는 '컴퓨터를 올려놓는 책상'으로 해석하기 십상이다. 일반적으로 잡지는 특정한 주제에 관한 것이고(즉, 주제 슬롯을 가지고 있다), 책상은 무엇인가를 올려놓을 수 있는 것인데(즉, 올려놓는 대상 슬롯을 가지고 있다), 컴퓨터는 잡지의 주제가 될 수도 있으며, 책상 위에 올려놓을 수도 있는 대상이기 때문이다.

둘째, 적절한 차원을 선택한 후에는 개념 결합에 대한 후속 해석과 정교화 과정을 수행한다고 가정한다. 예컨대, '컴퓨터 잡지'를 '컴퓨터를 주제로 하는 잡지'로 해석한 후에는 이 잡지가 컴퓨터 사용자들을 위한 것이며, 광고도 주로 컴퓨터와 관련된 것일 가능성이 크다는 등의 사실을 추론할 수 있다. 물론 이러한 정교화가 항상 일어나는 것은 아니다. 주어진 과제가 요구할 때, 보다 정교하고도 풍부한 개념으로 확장시킬 수 있다.

개념 상세화 모형(concept specialization model)은 개념 결합에서 배경지식의 중요성을 강조한다. 따라서 개념 결합이 출현 속성, 즉

성분 개념들은 가지고 있지 않은 속성을 개념 결합이 갖게 되는 현
상도 배경지식의 효과로 설명한다. 예컨대, '전자(電子)'나 전통적
'사전'이 화면이나 음성 정보를 가지고 있지 않지만 '전자 사전'은
그와 같은 출현 속성을 가지고 있다. 그렇지만 어떤 배경지식이 어
떻게 작용하는 것인지에 대해서는 알려 주는 것이 없다. 또한 개념
결합을 수식 개념이 주 개념 스키마의 차원들을 상세화하는 것이
라고 가정함으로써 개념 결합의 의미는 수식 개념 복잡성의 함수
라고 주장한다. 즉, 수식 개념이 다양한 차원을 가지고 있을수록
개념 결합을 다양한 의미로 해석하게 되며, 해석 시간도 증가한다
는 것이다. 그렇기는 하지만 수식 개념을 주 개념 스키마에 통합하
는 것이라는 가정은 개념 결합 해석에 다양한 유형, 즉 교집합 해
석, 주제적 관계 해석, 그리고 속성 대응 해석이 존재한다는 사실
을 설명하기 어렵다는 문제점을 가지고 있다.

4) CARIN 모형

개념 결합이 두 성분 개념 간의 주제적 관계를 표상하는 것이라
는 생각은 복합명사의 언어적 특성을 설명하려는 언어학적 연구
에서 출발한다. 여기서 중요한 것은 수식어(명사든 형용사든)와 주
명사를 연결시키는 관계가 수식어(수식 개념)나 주 명사(주 개념)의
부분이 아니라는 사실이다. 즉, 주제적 관계는 성분 개념의 속성이
거나 속성값이 아니다. 주제적 관계는 한 성분 개념을 다른 성분
개념에 연결시키는 독립적으로 존재하는 특성이다. 언어학적으로

볼 때, 주제적 관계는 문장이나 구절을 처리할 때 작동하는 통사 구조와 마찬가지로 개념들을 결합시키는 과정에서 작동하는 처리 기제와 같은 것이다. 예컨대, '산악 자전거'는 '장소'라는 관계에 의해서 '산에서 타는 자전거'로 해석되는 것이지, '산악'이 '자전거'가 가지고 있는 특정 슬롯으로 통합되는 것이 아니라는 것이다. 다시 말해서 수식 개념과 주 개념을 연결시키는 것은 성분 개념들이 가지고 있는 특성이 아니라, 독자적으로 존재하는 주제적 관계라는 주장이다. 이러한 생각을 형식화한 것이 CARIN(Competition Among Relations In Nominals, 명목 개념 관계 간 경쟁) 모형이다 (Gagné & Shoben, 1997).

이 모형은 수식 개념을 주 개념 스키마에 통합한다는 개념 상세화 모형에 반대한다. 오히려 개념 결합의 해석은 두 성분 개념을 연결해 주는 주제적 관계를 선택하는 과정이라고 주장한다. 이 모형의 핵심적 가정은 특정 수식 개념이 과거에 사용한 주제적 관계들의 상대적 빈도가 새로운 개념 결합을 해석하는 데 있어서 경쟁적으로 영향을 미친다는 것이다. 특정 수식 개념이 과거에 특정한 주제적 관계로 많이 사용되었을수록 새로운 개념 결합을 해석할 때 그 관계를 사용할 가능성이 높아진다. 반면에 주 개념에서 특정한 관계의 사용 빈도는 새로운 개념 결합을 해석하는 데 아무런 영향을 미치지 않는다. 예컨대, '산악'은 수식 개념으로 사용될 때 주로 장소 관계를 나타내며, 다른 관계를 나타내는 경우는 극히 드물다. 그렇기 때문에 '산악'을 수식어로 포함하는 개념 결합을 장소 관계로 해석하려는 경향이 있다는 것이다.

일단 특정 관계를 선택하고 나면, 새롭게 형성한 개념 결합의 속성을 추론하게 된다. 새로운 개념 결합이 주 개념의 구성원들과 어떻게 다른 것인지를 추론하는 과정에서도 그 관계가 핵심적 역할을 담당하게 된다. 예컨대, '플라스틱 트럭'을 '플라스틱으로 만든 트럭'으로 해석한다면, 실제 트럭이 아니라 아이들을 위한 장난감이며 '가볍다'나 '잘 깨진다'와 같은 속성들을 그 개념 결합에 첨가한다. 반면에 '플라스틱을 운반하는 트럭'으로 해석한다면, 또 다른 속성들을 가용하게 될 것이다. 어떤 관계를 선택하든지 간에 추론하는 속성들이 개념 결합의 사례와 주 개념의 사례들을 구분하게 해 준다.

CARIN 모형은 개념 결합의 이해 과정을 처음으로 수리적으로 형식화시켰다는 점에서 개념 결합 연구에서 중요한 위치를 차지하고 있다. 그렇지만 개념 결합의 해석을 전적으로 주제적 관계에만 국한시키고 있다는 문제점이 있다. 물론 개념 결합을 주제적 관계로 해석하는 경향성이 크기는 하지만 항상 주제적 관계로 해석하는 것이 아니라는 연구 결과가 많이 있다. 동물, 인공물 등 분류학적 범주를 나타내는 명사들을 선정하여 결합시킨 후에 실험 참가자들에게 그 의미를 해석하도록 하였을 때, 적어도 30% 정도는 속성 대응의 책략을 사용하였다(Wisniewski & Love, 1998). 예컨대, '호랑이 사냥개'는 '호랑이를 사냥하는 데 사용하는 개'라는 주제적 관계로 해석할 수도 있지만, 호랑이의 현저한 속성을 사냥

개에 직접 대응시켜 '호랑이 줄무늬를 가지고 있는 개'로 해석하는 속성 대응이 일어날 수도 있다. 즉, 수식 개념이 매우 현저한 속성을 가지고 있거나 두 성분 개념의 유사성이 클 때(신현정, 이루리, 유나영, 2003; 신현정, 최민경, 김수연, 2005; Bock & Clifton, 2000), 그리고 수식 개념 속성의 현저성뿐만 아니라 주 개념이 그 속성을 차원값으로 받아들일 수 있는 차원을 가지고 있을 때(Estes & Glucksberg, 2000) 속성 대응이 일어날 가능성이 매우 크다. 이 문제는 이 장 3절에서 다시 다룬다.

CARIN 모형은 개념적인 수준에서도 다음과 같은 몇 가지 문제점이 있다.

첫째, 이 모형은 고전적 언어학에서 제안하는 기본적인 의미 관계에 의존한다. 그런데 연구자마다 제안하는 기본 의미 관계가 일치하지 않으며, 그나마 그 관계만을 개념 결합 해석에 사용한다는 확실한 증거도 없다.

둘째, 사람들은 특정 수식 개념이 과거에 사용하였던 주제적 관계의 빈도를 저장하고 있으며, 그 상대적 빈도가 해석에서 결정적이라고 주장한다. 그러나 이러한 정보를 심성어휘집(mental lexicon)[5]에 저장하는 것은 어휘 기억을 쓸데없이 낭비하는 것일 수

---

5) 심성어휘집이란 올드필드(R. C. Oldfield, 1966)가 처음으로 사용한 용어로, 언어 사용자가 가지고 있는 단어에 대한 지식 저장 체계를 지칭한다. 모르는 단어의 의미나 품사 또는 용례를 보기 위해서 사전을 참조하듯이, 입력으로 들어오는 언어 정보를 처리하거나 자신의 견해를 피력하는 언어적 표현을 하기 위해서 참조하는 마음의 사전을 은유적으로 상정한 것이다. 일반적인 사

있으며, 저장에 대한 증거도 없다. 오히려 특정 관계를 선호하는 것은 개념에 들어 있는 의미 정보에 의한 것이라고 보는 것이 더 타당해 보인다.

5) 이원적 과정 모형

복합명사에 대한 언어학적 접근에 바탕을 둔 개념 결합 연구들은 암묵적으로 주제적 관계 해석만이 심리적으로 타당하다는 가정을 하고 있다. 속성 대응 해석이 불가능한 것은 아니지만, 일상적 의사소통 맥락에서는 속성 대응 해석이 가능한 개념 결합을 많이 사용하지 않는다는 사실에 근거하여 주제적 관계 해석의 우선 처리를 주장한다. 즉, 사람들은 새로운 개념 결합을 접할 때 우선적으로 주제적 관계를 수반한 해석을 도출하고자 시도하며, 그럴듯한 관계를 찾을 수 없을 때에만 마지막 수단으로 속성 대응 해석을 시도하게 된다는 것이다. 반면에 속성 대응 해석이 일상적 의사소통 맥락에서 그렇게 드문 현상이 아니라는 증거들도 존재한다. 앞에서 언급한 바와 같이 수식 개념과 주 개념 간의 유사성, 수식 개념 속성의 현저성, 수식 개념과 주 개념의 상호작용 가능성, 개

건과는 달리 심성어휘집은 발음이나 철자에만 근거해서 체제화되어 있지 않다. 오히려 의미가 가장 중요한 역할을 담당한다. 말하는 사람은 심성어휘집에서 자신이 표현하고자 원하는 단어를 200ms도 안 되는 시간에 찾을 수 있다거나, 듣는 사람은 단어를 다 듣기도 전에 재인할 수도 있다는 사실은 심성어휘집이 어휘 항목, 즉 단어에 접속하고 인출하는 데 매우 효율적이고 역동적인 방식으로 체제화되어 있을 수밖에 없다는 사실을 나타낸다.

넘 결합의 해석 편향성 등의 요인이 작동할 경우에는 오히려 속성 대응 해석이 더 우세할 가능성도 있다.

　개념적으로도 주제적 관계 해석과 속성 대응 해석 간에는 중요한 차이점이 존재한다. 관계 해석에서는 수식 개념과 주 개념이 서로 다른 대상을 참조하며, 개념 결합의 의미는 두 참조물이 담당하는 서로 다른 기능적 역할 간의 관계를 규정한다. 반면에 속성 대응 해석에서는 수식 개념의 현저한 속성이 주 개념에 부여되는 것이지 수식 개념 자체를 참조하는 것이 아니다. 두 개념 간의 기능적 관계가 존재하는 것이 아니라, 어떤 측면에서든 수식 개념의 특성을 보유한 주 개념을 지칭한다.

　이러한 사실에 근거하여 제안한 모형이 이원적 과정 모형(dual process model)이다. 하나는 두 성분 개념을 수반한 그럴듯한 관계적 시나리오를 구성하는 과정으로 관계 해석을 도출한다. 여기서 그럴듯한 시나리오 구성이란 각 성분 개념에 서로 다른 기능적 역할을 할당하는 것을 의미한다. 다른 하나는 두 성분 개념을 정렬·비교하여 수식 개념에서 주 개념으로 전이할 속성을 찾아내는 과정으로 속성 대응 해석과 교집합 해석을 도출한다. 주제적 관계 해석의 우선 처리가 개념 결합 해석의 계열적 처리를 상정하는 것과는 달리, 이 모형에서는 두 해석 전략이 병행적으로 사용되며 먼저 완료되는 처리에 의해서 개념 결합을 해석한다고 가정한다 (Wisniewski, 1997).

　이 모형에서의 관계 해석은 CARIN 모형이 제안하는 주제적 관계 해석과는 차이가 있다. CARIN 모형에서는 주제적 관계가 개념 결합과는 독자적으로 존재하는 것이며, 수식 개념이 과거에 특정한 주제적 관계로 사용되었던 빈도가 개념 결합의 해석에서 일차적으로 중요하다. 반면에 이원적 과정 모형은 개념 상세화 모형의 관계 해석을 받아들인다. 즉, 수식 개념으로 주 개념의 차원(슬롯)을 채워 넣음으로써 두 개념을 관계짓는다는 것이다. 예컨대, '참새 뱀'은 '뱀'의 (먹이) 슬롯에 '참새'를 채워 넣음으로써 참새와 뱀이 관계를 갖게 되어 '참새를 잡아먹는 뱀'으로 해석한다는 것이다. 두 입장은 여러 세부 사항에서 차이를 보이지만, 관계를 통해서 두 성분 개념을 연결시키고 있다는 점에서 유사한 주장이라고 할 수 있다.

이 모형에서 속성 대응 해석은 소위 구조적 대응에 근거한다. 속성 대응 해석이 이루어지려면 우선 수식 개념과 주 개념의 차이를 찾아야 한다. 차이를 찾기 위해서는 두 성분 개념의 구조를 대응·정렬시켜 비교를 해야 한다. 즉, 수식 개념과 주 개념에 공통되는 구조를 정렬함으로써 해석의 근거가 되는 차이를 찾는다는 것이다. 이러한 정렬-비교는 어느 개념쌍이든 공통점과 차이점을 모두 가지고 있으며, 공통점과 차이점은 서로 관련되어 있기 때문에 공통점을 찾으면 차이점도 찾게 된다는 생각에 근거한다. 예컨대, '자동차 트럭'에서 바퀴의 수, 문짝의 수, 좌석의 수 등 두 성분 개념의 구조적 특징이 대응·정렬되면, 정렬 가능한 차원에서의 공통점과 차이점을 비교할 수 있다. 이러한 정렬 가능한 차이에 근거하여, 예컨대 '문짝이 네 개이고 좌석이 다섯 개인 트럭'이라는 해석을 도출할 수 있다.

이러한 속성 대응 해석은 두 성분 개념의 정렬 가능성을 전제로 하고 있다. 즉, 주 개념에 통합되는 수식 개념의 속성은 정렬 가능한 차이점이라는 것이다. 그렇지만 정렬 가능하지 않은 속성도 주 개념에 통합되는 속성 대응 해석이 가능할 수 있다. 예컨대, '독사 삼촌'이 '무서운 삼촌'으로 해석되는 것은 '독사'와 '삼촌'이 구조적으로 대응·정렬되어야 가능하다고 보기 어렵다. 오히려 '독사'의 현저한 속성이 자동적으로 활성화되어 삼촌에게 전이된 것이라고 보는 것이 타당하다. 앞에서 보았던 진단성도 속성 해석에 영향을 미칠 수 있다. 예컨대, '코끼리 물고기'에서 '회색빛 물고기'보다 '매우 큰 물고기'가 보다 적절한 해석으로 간주되는 것은 '크다'가 '회색'보다 '코끼리'에서 더 진단적 속성이기 때문이다. 요컨대, 이원적 과정 모형은 두 가지 개념 결합 과정, 즉 관계 해석 과정과 속성 대응 과정을 상정하고 있다. 그렇지만 기능적 역할 할당이든 속성 대응 과정이든, 만일 이러한 과정이 개념 결합 해석에 관여한다고 가정할 때, 그 세부적인 처리 과정이 무엇인지에 대해서는 알려 주는 것이 없다.

지금까지 소개한 접근들을 요약하면 다음과 같다. 전통적 집합 이론에 근거한 외연적 분석은 사례의 전형성 등 기본적인 심리적 실재를 전혀 반영하지 못하는 것으로 보인다. 외연적 분석의 심리

적 실재를 검증하고자 시도한 초기의 선택적 수정 모형은 형용
사-명사 개념 결합의 전형성을 비교적 잘 설명할 수 있다. 그렇지
만 적용 범위가 지극히 제한적이며 사례들의 범주화를 정의 속성
에 의존한다는 문제점을 가지고 있다. 개념을 스키마로 상정하고
개념 결합의 해석 과정을 수식 개념이 주 개념을 상세화하는 과정
이라고 가정하는 개념 상세화 모형은 형용사-명사뿐만 아니라 명
사-명사 결합까지 그 설명 영역을 확장하고 있다. 그렇지만 개념
결합 해석 유형의 다양성은 설명하지 못한다. 개념 결합의 해석은
독립적으로 존재하는 주제적 관계를 선택하는 과정이라고 가정하
는 CARIN 모형은 수식 개념이 과거에 개념 결합에서 사용하였던
주제적 관계의 상대적 빈도가 해석의 용이성을 결정한다고 주장
한다. 특히 특정한 주제적 관계를 선택할 확률을 수리적으로 형식
화했다는 점에서 개념 결합 연구를 진일보시켰다고 할 수 있다. 그
러나 개념 결합의 해석이 성분 개념과는 무관하게 독립적으로 존
재하는 주제적 관계를 선택하는 과정이라고 가정함으로써 개념
결합 해석의 다양성을 고려하지 못하고 있다.

  마지막으로 이원적 과정 모형은 개념 결합의 해석에서 독립적이
고 병행적으로 진행되는 주제적 관계 해석 과정과 속성 대응 해석
과정을 상정한다. 주제적 관계 해석은 수식 개념을 주 개념의 차원
으로 통합하는 과정이며, 속성 대응은 정렬 가능한 두 성분 개념의
구조적 대응을 통해서 차이점을 찾아 제거하는 과정이다. 이 모형
은 속성 대응 해석의 전제 조건으로 두 성분 개념의 표상을 정렬ㆍ

비교하여 차이점을 찾아야 한다고 주장한다. 그렇지만 수식 개념의 특정한 속성이 비교 과정에 앞서서 활성화될 수가 있다. 예컨대, 수식 개념에서 현저성이 매우 높은 속성은 자동적으로 활성화될 수 있으며, 문장이나 이야기와 같은 언어적 맥락이 수식 개념의 특정한 속성을 활성화시킬 수도 있다. 요컨대, 개념 결합은 개별적 접근이나 모형들이 제안하는 것보다 훨씬 복잡하고 융통성을 가지고 있는 것으로 보인다.

3. 속성 대응 해석의 필요성

우리가 일상에서 사용하는 개념 결합들을 살펴보면, 90% 이상이 주제적 관계로 해석할 수 있는 것이며, 속성 대응으로 해석할 수 있는 경우는 비교적 소수에 불과하다(Gagné, 2000). 동·식물과 인공물들을 설명한 도감에 나와 있는 개념 결합들의 경우에는 속성 대응 해석의 비율이 30%까지 올라가지만(Wisniewski & Love, 1998), 여전히 주제적 관계 해석의 비율이 압도적으로 많다. 이러한 사실에 근거하여 관계 해석 우선의 원리를 내세우기도 한다. 즉, 사람들에게 새로운 개념 결합을 제시하면 우선적으로 관계 해석을 시도하며, 관계 해석이 여의치 않을 경우에만 최후의 방법으로 속성 대응 해석을 시도하게 된다는 것이다.

그렇지만 2절에서 보았던 것처럼 수식 개념과 주 개념 간의 유사성, 수식 개념 속성의 현저성, 수식 개념과 주 개념의 상호작용 가능성, 개념 결합의 해석 편향성 등의 요인이 작동할 경우에는 오히려 속성 대응 해석이 더 우세할 가능성도 있다. 그렇다면 사람들은 어째서 속성을 지칭하기 위해서 명사를 사용하는 것인가? 속성 지칭의 기능은 전형적으로 형용사가 담당한다. 그리고 형용사-명사의 결합이 그 명사 개념의 속성적 특성을 직접적으로 반영한다고 볼 수 있다.

우선 형용사보다 수식 개념과 연합된 속성이 주 개념의 특성을 잘 반영하는 경우가 있다. 예컨대, 어떤 의자에 줄무늬가 반듯하게 그려져 있는 것이 아니라 얼룩말의 줄무늬와 같은 패턴이 존재한다면, '줄무늬 의자'라고만 표현해서는 그 내용을 정확하게 전달하기 어렵다. 이 때에는 '얼룩말 의자'라고 표현함으로써 깔끔하게 특정한 줄무늬 속성을 가지고 있는 의자를 표현할 수가 있다.

의사소통의 화용론적 측면에서도 속성 대응은 개념 결합 해석에서 중요하다. 한 개념과 연합된 단순한 속성들은 바로 그 개념에만 독특한 표상을 가지고 있기 십상이기 때문이다. 예컨대, 줄무늬가 있는 사물을 참조하는 모든 명사가 공유하는 보편적 줄무늬 표상은 존재하지 않는다. 얼룩말, 이발소 표지판, 미국 국기의 줄무늬가 모두 다른 것처럼 개념마다 줄무늬의 표상은 다르다. 이렇게 볼 때, 특정한 속성을 나타내기 위해서 특정한 명사를 사용함으로써, 그 명사 표상에만 독특한 속성의 측면에 주의를 기울이게 만드는 것이다. 듣는 사람도 암묵적으로는 특정한 명사를 사용하여 말하

는 사람의 의도를 이해하고 있다. 따라서 개념 결합을 듣거나 읽는
사람은 수식 개념 속성의 특정한 표상을 주 개념에 대응시켜 해석
하고자 시도하는 것이다.

둘째, 표현하려는 속성에 걸맞은 형용사가 없거나 둘 이상의 속
성을 동시에 표현하고자 할 때에도 여러 개의 형용사를 나열하는
것보다는 명사 개념을 가지고 그 속성을 지칭할 수가 있다. 예컨
대, '컴퓨터 비서'라는 개념 결합을 통해서 스스로 일을 찾아서 하
지는 않지만 주어진 일은 신속하고 정확하게 처리하는 비서를 깔
끔하게 지칭할 수 있다. "내 비서는 컴퓨터다."라는 은유법이나
"내 비서는 컴퓨터와 같다."는 직유법의 사용은 명사 수식 개념의
이러한 특성을 반영하는 것이라고 할 수 있다.

셋째, 명사 개념은 형용사보다 우리가 일상에서 경험하였던 상
황을 더 잘 반영할 수가 있다. 예컨대, '통조림 지하철'이라고 표
현함으로써 사람들이 가득 타고 있는 지하철을 훨씬 실감나게 나
타낼 수 있다. 누구나 통조림 속에 내용물이 가득 들어 있는 것을
목격한 직접적인 경험이 있기 때문이다.

요컨대, 속성 해석은 개념 결합 처리에서 나름대로 중요하고도
빈번하게 일어나는 현상이며, 주제적 관계 해석이 실패한 후에야
비로소 시도되는 것은 아닌 것으로 보인다. 이원적 과정 모형이 주
제적 관계 해석과 속성 대응 해석이 병행적으로 진행된다고 주장
하고 있지만, 이러한 해석을 구성하거나 선택하는 온라인 처리 과
정에 대해서는 아직 밝혀진 것이 별로 없다. 경험적 데이터들은 주

개념의 특정 차원에 수식 개념을 채워 넣는 주제적 관계 해석이 주류를 이루고 있다는 사실을 비교적 잘 보여 주고 있지만, 수식 개념의 특정 속성이 현저한 경우에는 우선적으로 속성 대응 해석이 이루어지고 있다는 결과들도 제기되고 있다. 그렇지만 개념들을 결합하는 방식이 매우 다르기 때문에 두 과정이 어떻게 병행적으로 이루어지는 것인지는 아직 명확하지 않다.

[그림 4-1]은 최근에 제안된 개념 결합 처리 과정에 대한 모형이다(최민경, 신현정, 2007). 물론 이 모형의 타당성은 앞으로 계속해서 검증하고 수정·보완하여야 한다. 그림에 포함된 내재적 자질이란 다른 대상과의 관계와 무관하게 대상 자체에 독자적으로 존재할 수 있는 속성인 반면, 외재적 자질은 둘 혹은 그 이상의 다른 대상과의 관계를 통해 의미를 갖는 속성이라고 할 수 있다. 예컨대, 사과의 '빨갛다'나 '새콤달콤하다'는 내재적 자질인 반면, 의자의 '앉는다'는 앉는 사람과의 관계에서 의미를 갖는 외재적 자질이라고 할 수 있다.

이 모형의 기본 생각은 "관계 해석이 최적화되기 위해서는 주 개념에 외재적 자질이 있고, 동시에 수식 개념이 주 개념의 외재적 자질에 부합해야 한다. 마찬가지로 속성 해석이 최적화되기 위해서는 수식 개념에 내재적 자질이 있고, 동시에 주 개념에 수식 개념의 자질을 받아들일 수 있는 차원이 있어야 한다."(p. 410)는 것이다. 그림에서 보는 바와 같이 개념 결합의 해석이 진행되는 네 가지 통로가 가능하다. 그중 통로 1과 2의 예를 들어 보자. 예컨대,

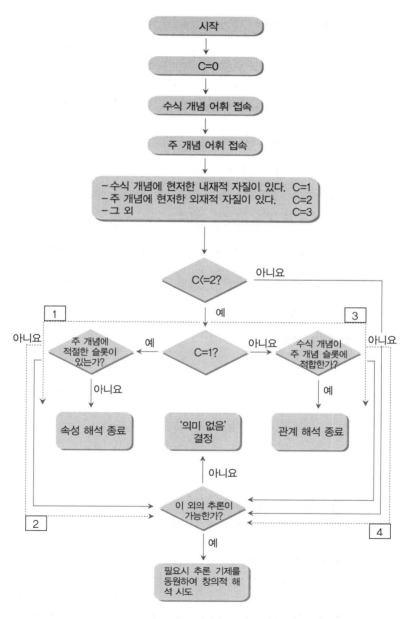

[그림 4-1] **명사-명사 개념 결합 처리 과정의 흐름도**(최민경, 신현정, 2007에서 인용)

'개미 노동자'라는 개념 결합을 해석하는 경우, 먼저 수식 개념인 '개미'와 주 개념인 '노동자'가 순차적으로 활성화된다. 여기서 '개미'의 현저한 속성인 '부지런하다'가 '노동자'의 성격 차원에 적절하게 대입되면서 '부지런한 노동자'로 속성 대응이 이루어지고 해석이 종료된다(통로 1). 그러나 '개미 색종이'처럼 수식 개념에 현저한 내재적 자질이 있지만, 주 개념에 이를 받아들일 적절한 차원이 없는 경우에는, 해석을 위한 시도를 통해 개미가 부지런하다는 속성 이외에 다른 속성을 사용하여 속성 해석을 내놓거나(예컨대, 개미처럼 작은 색종이 혹은 검은 색종이 등), 아니면 속성 해석은 불가능하며 다른 추론이 가능할 것인지를 고려하게 된다(통로 2).[6] 이렇게 되면 당연히 해석 시간도 늘어나고 해석 내용도 일관성이 떨어지게 된다.

---

6) 관계 해석을 위한 통로 3과 4도 이와 유사한 설명이 가능하다. 여기서 중요한 사실은 통로 1과 3이 동시에 진행되는 것이며, 둘 중의 하나가 종료되는 시점이 개념 결합을 해석하는 데 걸리는 시간이 된다는 것이다. 수식 개념이 현저한 내재적 자질을 갖고 있고, 주 개념이 그 자질을 받아들일 수 있는 적절한 차원을 가지고 있을 때는 속성 대응 해석이, 그리고 주 개념이 현저한 외재적 자질을 가지고 있으며, 수식 개념이 그 자질에 잘 맞아떨어질 때는 관계 해석이 빠르게 일관성 있게 이루어진다는 결과들이 있다. 보다 자세한 내용은 최민경과 신현정(2007)을 참조하라.

4. 결론 및 요약

우리는 공식적 언어 교육을 받았는지의 여부와 관계없이 특정한 문장이나 언어적 표현이 문법적으로 타당한 것인지의 여부를 즉각적으로 판단할 수 있는 언어 직관 능력을 가지고 있다. 마찬가지로 어떤 개념들 간의 결합이 심리적으로 응집력을 가지며 타당한 것인지의 여부도 쉽게 판단할 수 있는 개념 직관 능력도 가지고 있다. 끊임없이 새로운 개념을 만들어 사용하며, 특히 기존에 존재하는 개념들을 결합하여 새로운 복합 개념을 표현하거나 이해하는 것은 우리의 지식 체계를 확장하고 개선해 나가는 가장 중요한 과정 중의 하나다. 복합어의 구성 및 사용과 관련하여 개념 결합 연구는 언어학에서 시작하였으나, 최근 심리학 연구들은 개념 결합의 이해 과정이 다양한 개념 표상들 간의 협응을 수반하는 지식 기반 처리 과정이라는 사실을 보여 주고 있다. 특히 사회적 고정관념에 해당하는 개념 결합을 해석할 때는 배경지식에 근거한 인과적 설명을 내놓기 십상이다. 예컨대, '맹인 마라토너'를 해석할 때 '맹인'이나 '마라토너'에는 없는 출현 속성을 도입하여 의미를 파악하려고 한다.

개념 결합의 해석 과정을 설명하고 예측하려는 많은 접근을 시도하여 왔으며 현재도 끊임없이 시도하고 있다. 어느 접근도 개념 결합과 관련된 모든 현상을 설명할 수는 없지만, 대부분의 모형은 나름대로 개념 결합의 특정한 측면에 관한 실마리를 제공해 주고 있다고 할 수 있다. 배경지식이 개념 결합에서 다양한 방식으로 관여하고 있기 때문에, 앞으로 해결해야 할 중요한 과제 중의 하나는 개념 결합에서 관찰되는 다양한 형태의 해석을 설명할 수 있는 통합적 모형을 제시하는 것이라고 할 수 있다.

05 _

종합: 개념 연구의 의의와 조망

우리는 세상에 대해서 엄청나게 다양하고 역동적인 지식을 가지고 있다. 비록 모르고 있거나 확실하지 않은 단어의 의미나 사실을 찾아보기 위해서 어휘사전이나 백과사전을 들여다보기도 하지만, 그러한 사전들을 통해서는 결코 찾아볼 수 없는 수많은 지식들도 우리의 마음에 표상되어 있다. 천신만고 끝에 마련한 새 아파트에 처음 들어섰을 때 느끼는 감회나 새집 증후군의 행복하기만 한 냄새, 영화 〈쇼생크 탈출〉의 주인공 앤디 듀프레인(팀 로빈스 분)이 목숨을 걸고 틀어 주는 모차르트의 오페라 〈피가로의 결혼〉의 아리아 '저녁 바람이 부드럽게'가 교도소에 퍼져 나갈 때의 전율, 그리고 수감자들의 얼굴에 교차하는 멍청한 표정과 내면의 감동을 어디에서 찾아볼 수 있겠는가!

이 모든 지식의 토대가 바로 개념과 범주다. 상상하기 어려울 정도로 정교하고 복잡하며 역동적인 수많은 생명체의 토대가 세포인 것과 마찬가지다. 세포를 이해하였다고 해서 생명체의 모든 것을 이해하는 것이 아닌 것과 마찬가지로, 개념과 범주를 이해하였다고 해서 우리의 지식체계를 이해하였다고 말할 수는 없다. 그렇지만 그 토대를 이해하지 않고는 결코 전체에 접근할 수 없으며 장님 코끼리 만지기 식의 주장만이 난무할 가능성이 있다. 워프(B. L. Whorf, 1956)의 언어 상대성(linguistic relativity) 가설[1]에 유추할 수 있는 개념 상대성을 주장하는 것은 아니지만, 나는 개념 연구가 먹구름으로 둘러싸여 있는 앎의 문제를 온전하게 들여다볼 수 있는 통로를 제시해 줄 것이라고 굳게 믿고 있다.

---

1) 언어 상대성 가설은 사피어−워프 가설(Sapir-Whorf hypothesis)이라고도 부르며, 언어가 문화적 범주와 인지적 범주를 부호화하는 방식에서의 차이가 사고방식에 영향을 미치며, 상이한 언어의 사용자들은 상이하게 사고하고 행동하는 경향이 있다는 주장이다.

개념과 범주는 우리 앎의 바탕이다. 개념이 없다면, 우리의 뛰어난 학습 능력도 무용지물이다. 아무리 많은 것을 학습한다고 하더라도, 동일한 강물을 두 번 다시 경험할 수 없는 것과 마찬가지로 결코 동일한 대상을 반복 경험할 수 없기 때문에,[2] 학습한 내용을 새로운 대상에 적용할 수 없다. 개념을 가지고 있음으로 인해서 새로운 대상에 적절하게 대처할 수 있는 것이며, 주어진 정보를 넘어서는 귀납추론을 할 수 있는 것이다.

오랜 세월 동안 개념을 정의적 속성, 즉 필요 · 충분 속성들의 집합으로 규정하여 왔다. 개념과 범주에 관한 초기의 심리학 연구들도 이러한 고전적 견해에 근거하여 사람들이 사례 경험을 통해 어떻게 필요 · 충분 속성을 확인하는지, 그리고 그 확인 과정에서 어떤 전략을 사용하는지에 초점을 맞추어 왔다. 그러나 20세기 후반기에 접어들면서 범주 경계가 명확하지도 않으며 구성원들이 범주를 대표하는 정도, 즉 전형성에서 차이를 보인다는 사실을 보여주는 명백한 경험적 증거들이 누적되어 왔다. 그 과정에서 개념과

---

2) 심리학은 과학적 접근을 추구하고 과학은 만고불변의 진리를 추구하거나 인정하지 않지만, 항상 참이라고 인정하는 몇몇 현상들이 있다. 가장 대표적인 것이 '모든 것은 변한다.' 는 것이다. 물론 변하는 속도에서는 대상에 따라서 상당한 차이를 보이지만 말이다. 어제의 나와 오늘의 나는 동일 인물이지만, 결코 같을 수 없다. 머리가 조금 더 하얗게 바랬을 것이고, 머리카락도 더 많이 빠졌을 것이며, 얼굴의 주름도 조금은 더 깊어졌을 것이다(희망컨대, 조금은 더 원숙해지고 통합된 인물이 되었으면 좋겠다). 그럼에도 불구하고 어제나 오늘이나 주변 사람들이 나를 신현정이라는 동일 인물로 범주화하는 것은 나에 대한 개념 덕분이지, 어제의 나를 기억하고 있기 때문은 아니다.

단어 간의 복잡한 관계, 범주 위계에서의 기본 수준, 개념적 사고 과정에서의 전형성 효과와 본보기 효과, 그리고 배경지식의 효과, 개념 속성들 간의 상관성, 아동의 혁혁한 개념 발달 능력, 범주 기반 귀납추리의 특성, 개념 결합의 이해 등에 관한 많은 사실이 밝혀져 왔다.

그 과정에서 고전적 견해를 대체하기 위하여 제안한 대표적인 입장이 원형(prototype)과 본보기(exemplar), 그리고 지식 기반 접근이다. 원형 접근과 본보기 접근은 모두 개념과 범주에서 나타나는 전형성 효과를 설명하는 데 있어서 고전적 견해에 비해서 우수한 성과를 나타냈다. 특히 (이 책에서는 소개하지는 않았지만) 새로운 범주의 학습을 단순히 정성적인 수준에서가 아니라 정량적인 수준에서 설명하는 데 있어서는 본보기 접근이 원형 접근을 압도하기도 하였다(Shin & Nosofsky, 1992 참조).

그러나 본보기 접근은 이 책에서 다룬 여러 현상에 대한 설명에서 여러 가지 문제점에 직면한다.

첫째, 개념의 위계 구조를 설명하는 데 어려움이 있다. 모든 본보기는 소속할 수 있는 모든 범주에 대한 정보와 함께 저장된다는 다소 억지스러운 가정을 하지 않고서는, 예를 들어 '모든 개는 포유동물이다.'가 어떻게 표상되며, 기본 수준의 효과가 어떻게 나타나는 것인지 설명하기 어렵다.

둘째, 범주 기반 귀납추리도 본보기 접근에 어려움을 배가시킨다. '모든 새는 사람보다 혈액의 칼슘 농도가 더 높다.'와 같이 기존 새 본보기들이 가지고 있지 않은 새로운 정보에 대해서 어떻게 결론을 내리겠는가?

셋째, 개념과 단어 의미 간의 관계, 그리고 개념 결합의 이해에서도 심각한 문제가 있다. 앞서 자주 제시하였던 것처럼 대부분의 경우 개념 결합의 본보기는 성분 개념에 속하는 본보기들의 교집합이 아니다.

원형 견해는 범주 학습을 설명하는 데 본보기 견해만큼 강력한 증거를 제공하지 못하며, 특히 본보기 효과를 설명할 수 없다는 문제점이 있다. 배경지식의 효과도 충분하게 설명할 수 없지만, 범주의 요약 표상을 내세운다는 점에서 지식 기반 접근과 쉽게 통합될 수 있는 여지를 가지고 있다. 실제로 원형과 본보기의 통합이라고 할 수 있는 스키마는 지식 기반 접근의 기초라고 할 수 있다.

모든 과학이 궁극적으로 추구하는 정량적 형식모형(quantitative formal model)의 개발이라는 측면에서 어려움을 겪고 있지만, 원형 접근은 적어도 개념적 수준에서 개념의 위계 구조와 기본 수준을 설명할 수 있다. 개념의 요약 표상을 전제로 하고 있는 범주 기반 귀납추리에도 무리 없이 적용할 수 있으며, 충분하지는 않지만 개념과 단어 의미 간의 관계에도 적용할 수 있다.

개념적 수준에서는 지식 기반 접근이 가장 타당성이 높은 것처럼 보인다. 이 책에서 다룬 거의 모든 현상에는 지식 효과가 포함되어 있다. 새로운 범주를 학습하는 데 있어서도 배경지식이 범주 구조보다 우선권을 갖는 경우가 많다. 개념 결합 그리고 개념과 단어 의미 간의 관계에서도 배경지식에 근거한 인과적 추리가 작동한다. 그렇지만 모든 경우에 배경지식이 만병통치약은 아니다. 자연 범주의 친족 유사성 구조나 본보기 효과 등은 배경지식과 무관하게 작동한다. 가장 큰 문제는 지식 기반 접근이 원형 접근보다 더 정량화·형식화시키기가 어렵다는 점이다. 현재로서는 이 접근이 원형 접근이나 본보기 접근 또는 스키마 접근의 보완책으로 기능하고 있다고 보는 것이 타당하다.

그렇다면 고전적 견해와 아울러 본보기 견해를 버리고, 원형 견해와 지식 기반 견해를 어떤 방식으로든 통합하고자 시도하는 것이 최선이겠는가? 전혀 그렇지 않다. 이는 영어식 표현으로 목욕물을 버리려다 아이까지 버리는 꼴이 될 가능성이 크다. 비록 자연 범주는 고전적 견해로 설명할 수 없다고 하더라도, 우리는 필요·충분 속성에 근거하여 논리적으로 추리하고 판단할 수 있는 능력을 가지고 있다. 따라서 아무리 인위적인 상황에만 적용된다고 하더라도, 고전적 견해가 내세우는 주장도 포괄할 수 있어야만 한다. 우리가 범주 본보기들에 관한 많은 정보를 가지고 있으며 사례 기반 추리, 즉 생각나기에 많이 의존한다는 점에서도 본보기 견해를 무턱대고 버려서는 안 된다. 누군가 '교통 수단'이라고 표현하면, 무엇이 마음에 떠오르는가? 교통 수단 일반이 가지고 있는 요약 표상이 떠오르는가, 아니면 '자동차' '버스' '비행기' 등의 사례가 떠오르는가? 나의 경우에는 후자가 선행한다. 적어도 상위 수준 범주의 경우에는 요약 표상보다 본보기들이 우선한다고 볼 수 있다.

물론 상위 수준 범주의 본보기들이 기본 수준 범주인지 아니면 진정한 의미의 본보기인지의 문제는 계속 남지만 말이다.

  개념과 범주는 앎의 바탕이지만, 어떤 정보를 담고 있으며, 언제, 어떻게 사용되는 것인지는 한마디로 답할 수 있는 성질의 것이 아니다. 개념과 범주의 특정한 측면, 예컨대 소수의 사례 경험을 통한 인공 개념 또는 범주의 학습을 다룬다면, 본보기 접근으로 충분히 설명할 수 있는 여지가 있다. 그러나 조금만 뒤로 물러나서 개념과 범주가 관여하는 광범위한 인지현상들을 조망하면, 통합적 설명이 얼마나 어려운 일인지 쉽게 알 수 있다. 범주화, 개념 결합의 이해 또는 범주 기반 귀납 등과 같은 과제를 수행할 때, 사람들은 가능한 한 신속하고 정확하게 답을 내놓는 데 사용할 수 있는 정보라면 본보기든 원형이든 배경지식이든 무엇이든지 사용하기 때문이다. 특정한 접근을 내세우는 사람들이 자신의 이론은, 예컨대 오직 소수의 사례 경험을 통한 인공 범주의 학습을 다룰 뿐이며 애초에 개념 결합이나 범주 기반 귀납추리와 같은 것은 관심의 대상이 아니었다고 주장하는 것은 바람직하지 않다. 사례 경험을 통해 획득하는 범주와 개념이 따로 있고, 귀납추리나 개념 결합 해석에 사용하는 범주와 개념이 따로 있는 것은 아니기 때문이다.

  혹자는 원형을 개념 지식으로, 그리고 본보기를 일화기억(episodic memory)[3]으로 간주할 것을 제안하지만(Murphy, 2004),

----

3) 일화기억(또는 삽화기억)이란 장기기억의 유형을 구분하기 위하여 툴빙(E. Tulving, 1972)이 사용한 개인의 경험, 즉 자전적 사건에 대한 기억으로 사건

원형 자체도 일화기억에 포함될 수 있기 때문에 적절한 구분은 아닌 것으로 보인다. 우리의 개념 체계가 원형과 본보기 그리고 배경 지식을 모두 포함하고 사용하는 것은 틀림없어 보이지만, 그렇다고 해서 이것들이 모두 같은 것은 결코 아닐 것이다.

늘 그렇듯이 개념의 표상 그리고 개념과 관련된 제반 인지현상들을 올곧게 설명하고 예측하기 위해서는 더 많은 경험적 연구가 필요하다. 현재의 상황에서 볼 때, 원형 접근과 본보기 접근은 정량적인 형식 모형의 개발에 더 많은 노력을 기울일 필요가 있다. 20세기 종반에 이르기까지, 이 분야에서 수리적 형식 모형의 개발은 본보기 접근의 전유물이었다고 해도 과언이 아니다.[4] 실험실에

이 일어난 시간, 장소, 상황 등의 맥락을 함께 포함한다. 예컨대, '오늘 점심 시간에 구내식당에서 누구누구와 이러저러한 음식을 먹었다.'는 것을 기억 하는 것이다. 의미기억(semantic memory)은 개인의 시·공간적 맥락과 분리 된 일반지식의 기억을 말한다. 예컨대, '한글날은 10월 9일이다.'를 기억하는 것이다. 이 책에서 줄곧 논의한 개념과 범주도 의미기억의 한 부분이라고 할 수 있다. 일화기억과 의미기억은 모두 의식 수준에서 언어적으로 표현할 수 있는 기억이기에 선언기억(declarative memory)이라고 부른다. 반면에 우리 의 장기기억에는 의식하기도 어렵고 언어적으로 서술하기도 어려운 기억도 있다. 예컨대, 자전거 타는 방법이나 빠르게 암산하는 방법 등에 관한 기억으 로 인지적이거나 운동적 기술(skill)과 관련된 기억이다. 이러한 기억을 절차 기억(procedural memory)이라고 부르며, 선언기억과 대비하여 비선언기억 이라고 부르기도 한다. 보다 자세한 내용은 이정모 등(2009)의 제5~8장을 참조하라.

4) 물론 이 책에서는 이러한 형식 모형들을 다루지 않았다. 그 모형들을 이해하 기 위해서 고급의 수학 지식은 아니더라도 나름 상당한 수학 지식을 필요로 하기 때문이다. 관심 있는 독자라면, 신현정(2002), Shin & Nosofsky(1992)를 참조하라.

서 수행된 전통적인 인공 범주(예컨대, 무선 점패턴, 도식적 얼굴, 실존하지 않는 인공적 동ㆍ식물 등)의 학습 과정을 본보기 경험에 근거하여 형식화시키기 위한 많은 시도가 이루어져 왔으며, 나름 상당한 성과를 나타냈다. 또한 본보기 형식 모형과 대비시키기 위하여 원형 형식 모형을 개발하기도 하였다. 그렇지만 이러한 형식 모형들이 다루는 영역은 모두 인공 범주 학습으로 제한되었다. 진정한 설명력을 갖추기 위해서는 보다 넓은 인지 영역으로 확대할 수 있는 형식 모형이 개발되어야 하겠다.

한편 지식 기반 접근은 범주 학습에 관한 경험적 데이터를 포괄할 수 있도록 보다 구체화되고 형식화된 모형과 이론을 개발해야 한다. 엄밀한 의미에서 지식 기반 접근은 아직까지 개념에 대해서 아무런 모형이나 이론도 제안하지 못하고 있다. 단지 개념이 배경 지식과 통합되어 있으며, 그 지식을 사용하여 개념에 대해 보다 가능성 있는 추론을 하게 되는 것이라고 주장할 뿐이다.

범주 학습에 대한 경험적 연구와 배경지식의 효과가 결합된 지식 기반 모형이나 이론이 제안되고, 다시 경험적 검증을 거쳐 수정ㆍ보완될 때 비로소 개념과 범주에 관한 심리학적 접근이 한 단계 도약할 것이다. 그때가 되면 지식 기반 접근이라는 표현은 무의미해질 것이며, 연구자들 간의 입장은 지식이 개념의 처리 과정에 관여하는 방식을 설명하는 기제에서 차이를 보일 것이다.

참고문헌 <<<

국립국어원(2005). 현대국어 사용빈도조사. (http://www.korean.go.kr)

신현정(2002). 개념과 범주화. 서울: 아카넷.

신현정, 이루리, 유나영(2003). 명사-명사로 표현된 개념 결합 이해의 심리적 기제. 한국심리학회지: 실험, 15, 81-102.

신현정, 최미영, 최민경(2004). 한국어 다의동사의 표상. 한국심리학회지: 실험, 16, 191-209.

신현정, 최민경, 김수연(2005). 명사-명사 개념 결합의 처리과정. 한국심리학회지: 일반, 24, 61-84.

이정모(2001). 인지심리학: 형성사, 개념적 기초, 조망. 서울: 아카넷.

이정모, 강은주, 김민식, 감기택, 김정오, 박태진, 김성일, 신현정, 이광오, 김영진, 이재호, 도경수, 이영애, 박주용, 곽호만, 박창호, 이재식(2009). 인지심리학(3판). 서울: 학지사.

최민경, 신현정(2007). 명사-명사 개념 결합 처리과정 모형의 제안 및 검증: 성분개념의 역할이 자질 간 부합성에 미치는 선택적 영향. 한국심리학회지: 실험, 19, 401-432.

최민경, 신현정(2010). 개념 결합 처리과정에 대한 관계-기반 접근과 차원-기반 접근의 조망 차이. 인지과학, 21, 199-231.

Anderson, J. R. (1991). The adaptive nature of human categorization. *Psychological Review, 98,* 409–429.

Armstrong, S., Gleitman, L. R., & Gleitman, H. (1983). What most concepts might not be. *Cognition, 13,* 263–308.

Baldwin, D. A., Markman, E. M., & Melartin, R. L. (1993). Infants' ability to draw inferences about nonobvious object properties. *Child Development, 64,* 1595–1616.

Barsalou, L. W. (1985). Ideals, central tendency, and frequency of instantiation as determinants of graded structure in categories. *Journal of Experimental Psychology: Learning, Memory, and Cognition, 11,* 629–654.

Barsalou, L. W.(1992). *Cognitive Psychology: An overview for cognitive scientists.* Hillsdale, NJ: Erlbaum.

Berlin, B. (1992). *Ethnobiological classification: Principles of categorization of plants and animals in traditional societies.* Princeton, NJ: Princeton University Press.

Bock, J. S., & Clifton, C. (2000). The role of salience in conceptual combination. *Memory & Cognition, 28,* 1378–1386.

Brooks, L. R., Norman, G. R., & Allen, S. W. (1991). Role of specific similarity in a medical diagnosis task. *Journal of Experimental Psychology: General, 120,* 278–287.

Brown, R. (1958). How shall a thing be called? *Psychological Review, 65,* 14–21.

Bruner, J. S., Goodnow, J., & Austin, G. (1956). *A study of thinking.* New York: John Wiley.

Coley, J. D., Medin, D. L., & Atran, S. (1997). Does rank have its privilege? Inductive inferences within folkbiological taxonomies. *Cognition, 64,* 73−112.

Coley, J., Shafto, P., Stepanova, O., & Baraff, E. (2005). Knowledge and Category−based induction. In Ahn, W., Goldstone, R. L., Love, B. C., Markman, A. B., & Wolff, P. (Eds.), *Categorization inside and outside the laboratory: Essays in honor of Douglas L. Medin.* Washington, DC: APA.

Eimas, P. D., & Quinn, P. C. (1994). Studies on the formation of perceptually based basic−level categories in young infants. *Child Development, 65,* 903−917.

Estes, Z., & Glucksberg, S. (2000). Interactive property attribution in concept combination. *Memory & Cognition, 28,* 28−34.

Gagné, C. L. (2000). Relation−based combinations versus property−based combinations: A test of the CARIN theory and the dual−process theory of conceptual combination. *Journal of Memory and Language, 42,* 365−398.

Gagné, C. L., & Shoben, E. J. (1997). Influence of thematic relations on the comprehension of modifier-noun combination. *Journal of Experimental Psychology: Learning, Memory, and Cognition, 23,* 71−87.

Gelman, S. A., & Markman, E. M. (1986). Categories and induction in young children, *Cognition, 23,* 183−209.

Gelman, S. A., & Markman, E. M. (1987). Young children's inductions from natural kinds: The role of categories and appearances. *Child Development, 58,* 1532−1541.

Gluck, M. A., & Bower, G. H. (1988). From conditioning to category learning: An adaptive network model. *Psychological Review, 117,*

227–247.

Goodman, N. (1965). *Fact, fiction, and forecast* (2nd ed.). Indianapolis: Bobbs Merill.

Hampton, J. A. (1981). An investigation of the nature of abstract concepts. *Memory & Cognition, 9*, 149–156.

Hampton, J. A. (1988). Overextension of conjunctive concepts: Evidence for a unitary model of concept typicality and class inclusion. *Journal of Experimental Psychology: Learning, Memory, and Cognition, 14*, 12–32.

Hampton, J. A. (1997). Conceptual combination: Conjunction and negation of natural concepts. *Memory & Cognition, 25*, 888–909.

Hartley, J., & Homa, D. (1981). Abstraction of stylistic concepts. *Journal of Experimental Psychology: Learning, Memory, and Cognition, 7*, 33–46.

Heit, E., & Rubenstein, J. (1994). Similarity and property effects in inductive reasoning. *Journal of Experimental Psychology: Learning, Memory, and Cognition, 20*, 411–422.

Homa, D., & Vosburgh, R. (1976). Category breadth and the abstraction of prototypical information. *Journal of Experimental Psychology: Human Learning and Memory, 2*, 322–330.

Howell, D. C. (2004). *Fundamental Statistics for the behavioral Sciences.* (5th ed.). Thomson. 행동과학을 위한 통계학(5판). 신현정, 박태진, 도경수 역(2004). 서울: 시그마프레스.

Hull, C. L. (1920). Quantitative aspects of the evolution of concepts. *Psychological Monographs, XXVIII.*

Kaplan, A. S., & Murphy, G. L. (2000). Category learning with minimal prior knowledge. *Journal of Experimental Psychology: Learning,*

Memory, and Cognition, 26, 829–846.

Keil, F. C. (1989). *Concepts, kinds, and cognitive development*. Cambridge, Mass.: MIT Press.

Kruschke, J. K. (1996). Base rates in category learning. *Journal of Experimental Psychology: Learning, Memory, and Cognition, 22*, 3–26.

Kunda, Z., Miller, D. T., & Claire, T. (1990). Combining social concepts: The role of causal reasoning. *Cognitive Science, 14*, 551–577.

Landauer, T. K., & Dumais, S. T. (1997). A solution to Plato's problem: The latent semantic analysis theory of acquisition, induction, and representation of knowledge. *Psychological Review, 104*, 211–240.

Lopez, A., Gelman, S. A., Gutheil, G., & Smith, E. E. (1992). The development of category–based induction. *Child Development, 63*, 1070–1090.

Lund, K., & Burgess, C. (1996). Producing high–dimensional semantic spaces from lexical co–occurrence. *Behavior Research Methods, Instruments, & Computers, 28*, 203–208.

Lyn, J. N., & Murphy, G. L. (1997). The effects of background knowledge on object categorization and part detection. *Journal of Experimental Psychology: Human Perception and Performance, 23*, 1153–1169.

Lyn, J. N., & Murphy, G. L. (2001). Thematic relations in adults' concepts. *Journal of Experimental Psychology: General, 130*, 3–28.

Medin, D. L., Altom, M. W., Edelson, S. M., & Freko, D. (1982). Correlated symptoms and simulated medical classification. *Journal of Experimental Psychology: Learning, Memory, and Cognition, 8*, 37–50.

Medin, D. L., & Schaffer, M. M. (1978). Context theory of classification learning. *Psychological Review, 85,* 207–238.

Medin, D. L., & Shoben, E. J. (1988). context and structure in conceptual combination. *Cognitive Psychology, 20,* 158–190.

Medin D. L., Wattenmaker, S. E., & Hampson, S. E. (1987). Family resemblance, conceptual cohesiveness, and category construction. *Cognitive Psychology, 19,* 242–279.

Mervis, C. B. (1987). Child–basic object categories and early lexical development. In U. Neisser (Ed.), *Concepts and conceptual development: Ecological and intellectual factors in categorization* (pp. 201–233). Cambridge: Cambridge University Press.

Miller, G. A. (1956). The magical number seven, plus or minus two: Some limits on our capacity for processing information. *Psychological Review, 63,* 81–97.

Murphy, G. L. (1990). Noun phrase interpretation and conceptual combination. *Journal of Memory and Language, 29,* 259–288.

Murphy, G. L. (2004). *The big book of concepts.* MIT Press.

Murphy, G. L., & Wisniewski, E. J. (1989). Categorizing objects in isolation and in scenes: What a superordinate is good for. *Journal of Experimental Psychology: Learning, Memory, and Cognition, 15,* 572–586.

Myers, A., & Hansen, C. (2002). *Exprimental Psychology.* (5th ed.). Thomson. 실험심리학(5판). 신현정 역(2003). 서울: 박학사.

Nosofsky, R. M. (1988). Similarity, frequency, and category representations. *Journal of Experimental Psychology: Learning, Memory, and Cognition, 14,* 54–65.

Oldfield, R. C. (1966). Things, words and the brain. *Quarterly Journal of Experimental Psychology, 18,* 340–353.

Osgood, C. H., Suci, G. J., & Tannenbaum, P. H. (1957). *The measurement of meaning*. Urbana, IL: University of Illinois Press.

Osherson, D. N., Smith, E. E., Wilkie, O., Lopez, A., & Shafir, E. (1990). Category—based induction. *Psychological Review, 97*, 185–200.

Palmeri, T. J., & Blalock, C. (2000). The role of background knowledge in speeded perceptual categorization. *Cognition, 77*, B45–B57.

Posner, M. I., & Keele, S. W. (1968). On the genesis of abstract ideas. *Journal of Experimental Psychology, 77*, 353–363.

Posner, M. I., & Keele, S. W. (1970). Retention of abstract ideas. *Journal of Experimental Psychology, 83*, 304–308.

Rein, J. R., Goldwater, M. B., & Markman, A. B. (2010). What is typical about the typicality effect in category—based induction? *Memory & Cognition, 38*, 377–388.

Rips, L. J. (1989). Similarity, typicality, and categorization. In S. Vosniadou & A. Ortony (Eds.), *Similarity and analogical reasoning*, 21–59. New York: Cambridge University Press.

Rosch, E. (1973). On the internal structure of perceptual and semantic categories. In T. E. Moore (Ed.), *Cognitive development and the acquisition of language*. New York: Academic Press.

Rosch, E. (1975). Cognitive representations of semantic categories. *Journal of Experimental Psychology, 104*, 192–233.

Rosch, E. (1978). Principles of categorization. In E. Rosch & B. Lloyd (Eds.), *Cognition and categorization*. Hillsdale, NJ: Erlbaum.

Rosch, E., & Mervis, C. B. (1975). Family resemblances: Studies in the internal structure of categories. *Cognitive Psychology, 7*, 573–605.

Rosch, E., Mervis, C., Gray, W., Johnson, D., & Boyes—Braem, P. (1976). Basic objects in natural categories. *Cognitive Psychology, 8*, 382–

439.

Ross, B. H., Perkins, S. J., & Tenpenny, P. L. (1990). Reminding−based category learning. *Cognitive Psychology, 22*, 460−492.

Roth, E., & Shoben, E. (1983). The effect of context on the structure of categories. *Cognitive Psychology, 15*, 346−378.

Shepard, R. (1974). Representation of structure in similarity data: Problems and prospects. *Psychometrika, 39*, 373−421.

Shin, H. J., & Nosofsky, R. M. (1992). Similarity−scaling studies of dot−pattern classification and recognition. *Journal of Experimental Psychology: General, 121*, 278−304.

Smith, E. E., & Medin, D. L. (1981). *Categories and concepts.* Cambridge, Mass.: Harvard University Press.

Smith, E. E., Osherson, D. N., Rips. L. J., & Keane, M. (1988). Combining prototypes: A selective modification model. *Cognitive Science, 12*, 485−527.

Sternberg, R. J., & Ben−Zeev, T. (2001). *Complex cognition: The psychology of human thought.* New York: Oxford University Press.

Tanaka, J., & Taylor, M. (1991). Object categories and expertise: Is the basic level in the eye of the beholder? *Cognitive Psychology, 23*, 457−482.

Tulving, E. (1972). Episodic and semantic memory. In E. Tulving & W. Donaldson (Eds.), *Organization of memory*, pp. 381-403. New York: Academic Press.

Ward, T. B. (1994). Structured imagination: The role of category structure in exemplar generation. *Cognitive Psychology, 27*, 1−40.

Welker, R. L. (1982). Abstraction of themes from melodic variation. *Journal of Experimental Psychology: Human Perception and*

Performance, 8, 435-447.

Whorf, B. L. (1956). *Language, thought, and reality*. MIT Press. 언어, 사고 그리고 실재. 신현정 역 (2010). 서울: 나남.

Wisniewski, E. J. (1997). When concepts combine. *Psychonomic Bulletin & Review, 4*, 167-183.

Wisniewski, E. J., & Love, B. C. (1998). Relations versus properties in conceptual combination. *Journal of Memory and Language, 38*, 177-202.

Wisniewski, E. J., & Medin, D. L. (1994). On the interaction of theory and data in concept learning. *Cognitive Science, 18*, 221-282.

Wittgenstein, L. (1953). *Philosophical investigations, G. E. M. Anscombe*. Oxford: Blackwell.

INTRODUCTION
TO
PSYCHOLOGY

찾아보기 ⟨⟨⟨

>>> 저자 소개

신 현 정

서울대학교 심리학과 학사
서울대학교 대학원 심리학과 석사(인지심리 전공)
미국 인디애나 대학교 심리학과 박사(인지심리 전공)
현) 부산대학교 심리학과 교수

〈주요 저 · 역서〉
개념과 범주화(아카넷, 2002)
역동적 기억(역, 시그마프레스, 2002)
언어심리학(공저, 학지사, 2003)
심리학의 오해(역, 혜안, 2003)
인지심리학(2판, 공저, 학지사, 2009)
사회인지(역, 박학사, 2010)
마음학: 과학적 설명 + 철학적 성찰(공저, 백산서당, 2010) 외 다수

심리학 입문 시리즈
인지 및 생물심리

개념과 범주적 사고

2011년 10월 20일 1판 1쇄 발행
2023년 3월 20일 1판 5쇄 발행

지은이 • 신 현 정
펴낸이 • 김 진 환
펴낸곳 • (주) **학지사**

　　　　　04031 서울특별시 마포구 양화로 15길 20 마인드월드빌딩 5층

대표전화 • 02) 330-5114　　　팩스 • 02) 324-2345

등록번호 • 제313-2006-000265호

홈페이지 • http://www.hakjisa.co.kr
페이스북 • https://www.facebook.com/hakjisabook

ISBN 978-89-6330-741-1 93180

정가 **12,000원**

출판미디어기업 **학지사**

간호보건의학출판 **학지사메디컬** www.hakjisamd.co.kr
심리검사연구소 **인싸이트** www.inpsyt.co.kr
학술논문서비스 **뉴논문** www.newnonmun.com
원격교육연수원 **카운피아** www.counpia.com